SAGENHAFT GENIESSEN

ein Kochbuch des Goldenen Bründls

GOLDENES BRÜNDL

WIRTSHAUS & CATERING

SAGENHAFT GENIESSEN

VORWORT

Herzlich Willkommen in unserem zweiten Kochbuch. Wir freuen uns, einen Teil unserer umfangreichen Sammlung an Rezepten, den dazu passenden Weinen und einige Tipps und Tricks aus der Küche mit Dir zu teilen. Dieses Buch liefert Lieblingsrezepte aus den Bereichen Vorspeisen, Suppen, Hauptspeisen und natürlich auch Desserts. Zu Ehren unseres zwanzigjährigen Jubiläums ist auch die eine oder andere Geschichte aus besagten 20 Jahren zu finden.
Wir freuen uns sehr, dass Du dich für unser Kochbuch und die darin versteckte Vielfalt an Köstlichkeiten entschieden hast. Viel Freude mit den Rezepten, genussvolle Stunden beim Ausprobieren, Nachkochen und selbstverständlich auch beim Verkosten.

Vielleicht sehen wir einander bald persönlich im Lokal inmitten des Rohrwaldes.
Mit gastfreundlichen Grüßen zu Dir nach Hause

Regine, Gerhard

sowie das gesamte Bründl-Team

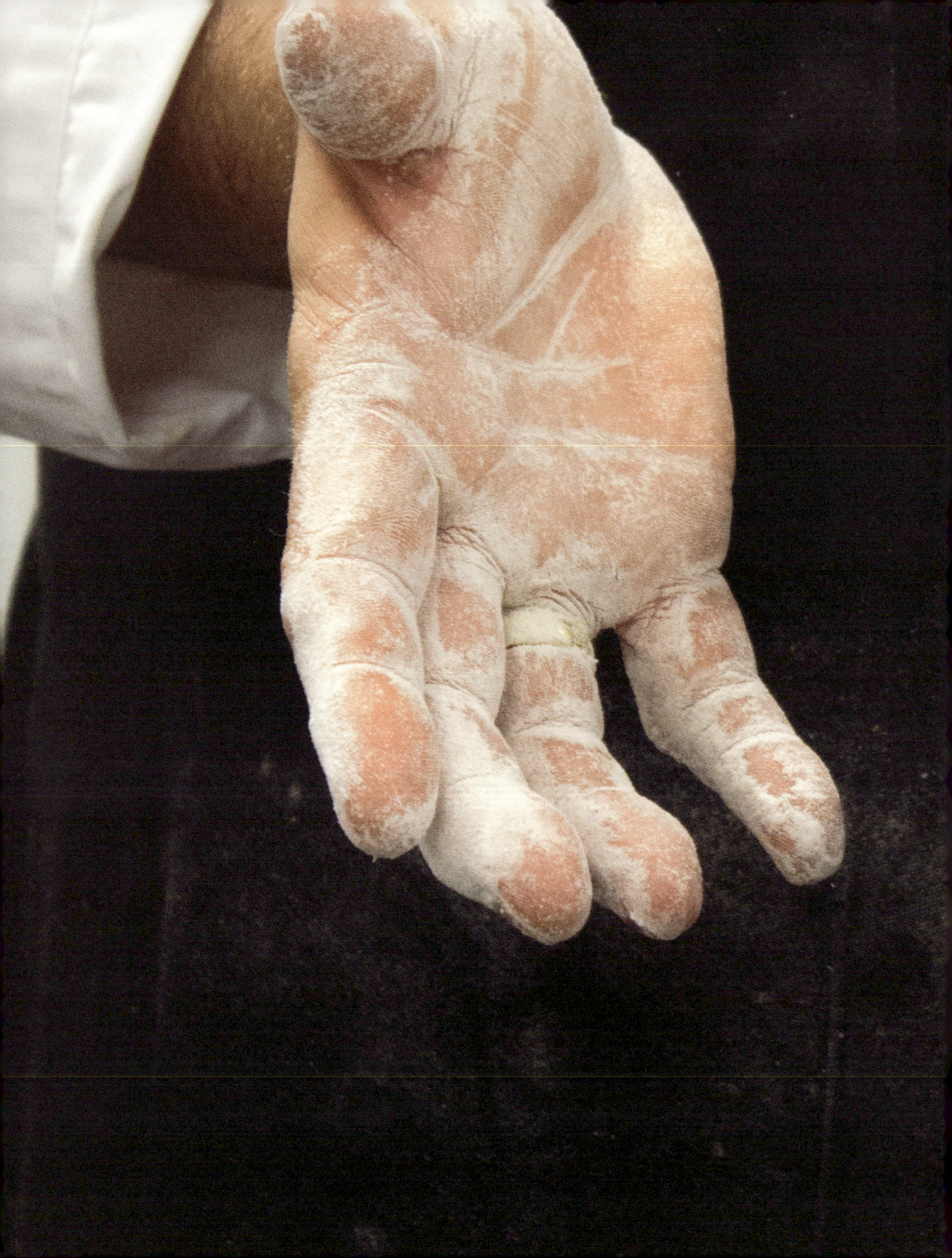

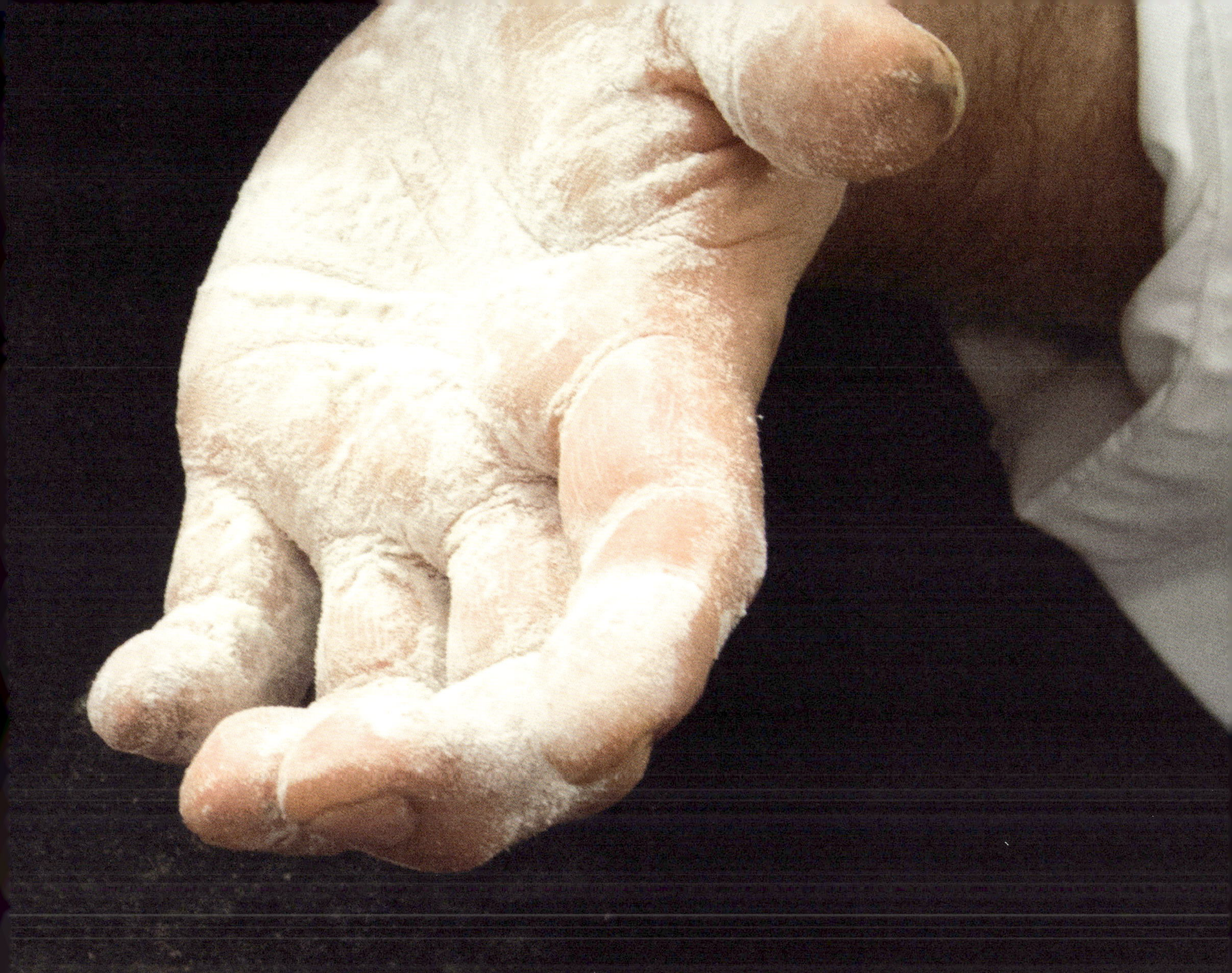

Das Küchenteam rund um Chefkoch Norbert Steiner sorgt dafür, dass der kulinarische Genuss nicht zu kurz kommt. Die große Leidenschaft des Küchenchefs gilt der regionalen Küche mit ihrer Natürlichkeit und Ehrlichkeit. Regionale Produzenten liefern nachhaltig erzeugte Lebensmittel von erstklassiger Qualität und unglaublicher Geschmacksintensität, die in der Küche mit viel Liebe verfeinert werden. Diese Vielfalt an intensiven Aromen, frischen Kräutern und saisonalen Grundprodukten prägt auch die Küchenlinie bei uns im Hause. Wirtshausklassiker werden dabei sanft modernisiert beziehungsweise behutsam neu interpretiert.

INHALT

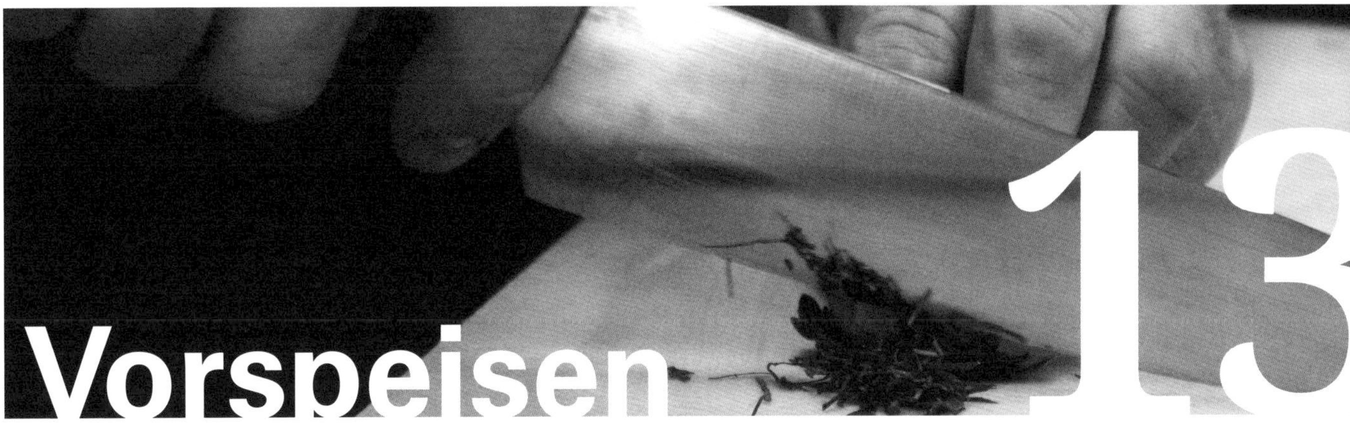

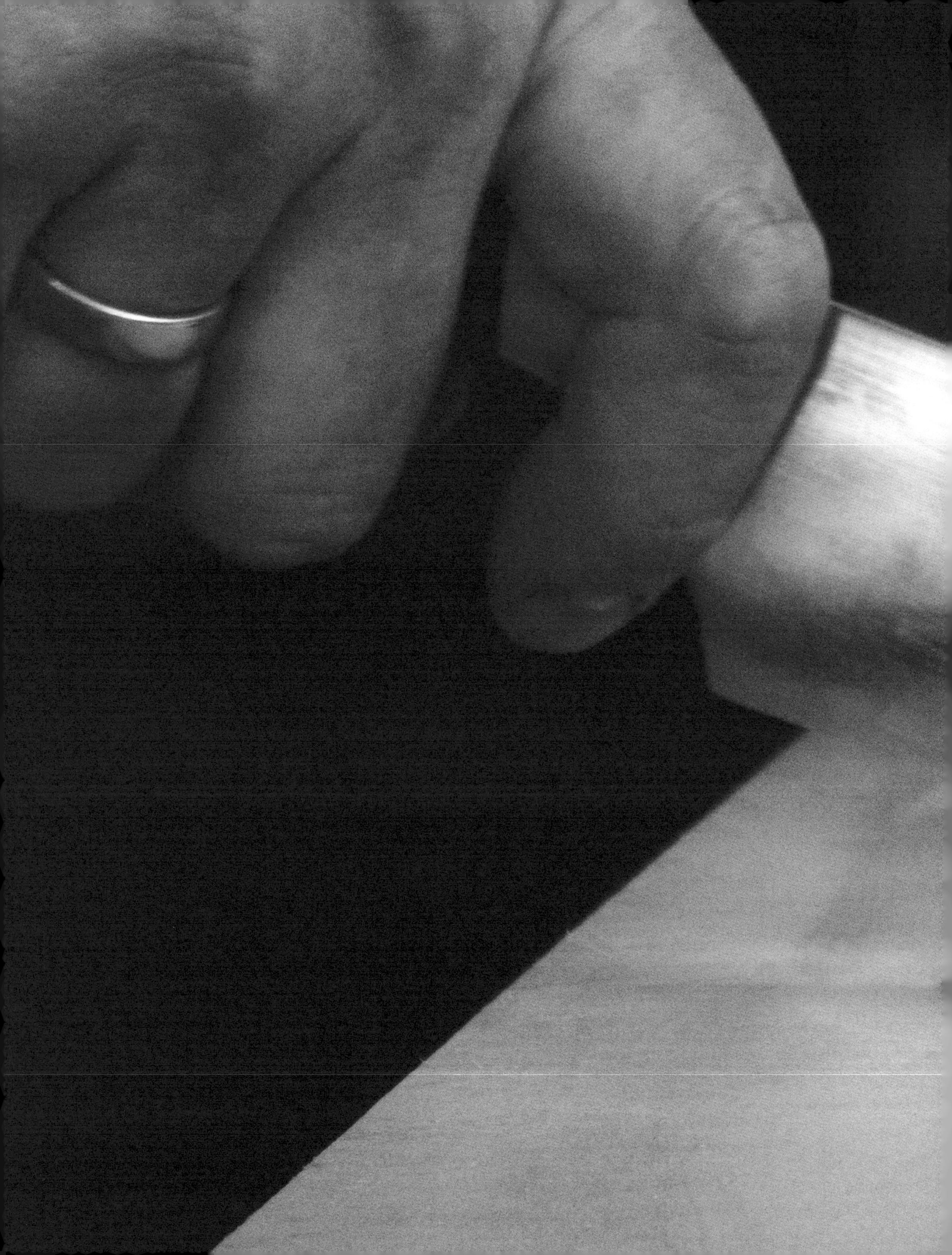

VORSPEISEN

Paradeis-Quiche

Tarteform mit einem
Durchmesser von 26cm

Teig:
250g Mehl, glatt
4EL Milch
1 Ei
Salz
130g Butter
Butter für die Form

Belag:
ca. 400g Paradeiser,
halbgetrocknet
2 kleine Zwiebeln,
fein geschnitten und sautiert
4 Eier
150ml Obers
150ml Milch
Salz, Pfeffer
Knoblauch, gepresst
Basilikum

Weinempfehlung:
Grüner Veltliner Weinviertel DAC
Reserve Hund 2017,
Weingut R&A Pfaffl, Stetten

Das Mehl auf der Arbeitsfläche häufen und in die Mitte eine Mulde drücken. Die Milch mit Ei und Salz verquirlen und in die Mulde gießen, darüber die Butter mit einer Röstireibe zerkleinern, alles schnell zu einem geschmeidigen Teig verarbeiten. Teig in eine Folie einwickeln und kurz rasten lassen.

Das Backrohr auf 200°C vorheizen. Eine Tarteform buttern, den Teig ausrollen und die Form damit auskleiden. Mit der Gabel einige Löcher einstechen, dann Paradeiser und Zwiebel darauf verteilen. Die übrigen Zutaten gut verquirlen und auf den Tarteboden gießen.
Die Quiche auf der zweiten Schiene von unten in den Ofen schieben, nach 5 Minuten die Temperatur auf 180°C reduzieren und ca. weitere 30 Minuten fertig backen.

Beef Tatar
mit Wasabi

5 Portionen

600 g Rindsfilet
50 g Essiggurken
50 g rote Zwiebel
50 g Radieschen
10 g Petersilie
3 Eidotter
15 g (1 EL) Senf
15 g (1 EL) Ketchup
15 ml (1 EL) Olivenöl
Salz, Pfeffer
Wasabipaste
etwas Trüffelöl
Chili, geschnitten

Weinempfehlung:
Pinot Blanc Leithaberg DAC 2017,
Weingut Hillinger, Jois

Fleisch durch die mittlere Scheibe des Fleischwolfes drehen oder mit dem Messer fein hacken.
Essiggurken, Zwiebel, Radieschen und Petersilie zerkleinern.

Eigelb mit Senf und Öl gut verrühren, Fleisch, gehackte Zutaten, Ketchup, Chili und etwas Wasabi beigeben und vermischen.
Pikant abschmecken, zu einem oder mehreren „Laberln" formen und anrichten. Das Beef Tatar mit geröstetem Weißbrot oder Toast servieren.

Gebratene Risottoterrine

mit Eierschwammerlsalat

Terrinenform mit einem Fassungs-
vermögen von 1,3 Liter
ca. 10 Portionen

500 g Risottoreis (Vialone)
150 g Zwiebel, fein geschnitten
100 g Butter
100 ml Weißwein
1,1 l Gemüsefond (S. 135)
100 g Parmesan, gerieben
50 g kalte Butter, gewürfelt
Salz, Pfeffer
Mehl
Butterschmalz oder
Olivenöl zum Braten

Für das Risotto in einem Topf Butter zerlassen und darin die Zwiebelwürfel farblos anschwitzen. Reis bei mittlerer Hitze dazugeben, anschwitzen lassen und dabei rühren bis die Körner glasig werden. Weder Reis noch Zwiebeln dürfen Farbe annehmen. Mit Weißwein ablöschen und umrühren bis der Reis die Flüssigkeit aufgenommen hat. Anschließend mit einem Teil des heißen Gemüsefonds aufgießen und ständig umrühren. Erst wieder nachgießen, wenn die Flüssigkeit weitgehend aufgesogen ist.
In der Zwischenzeit die Terrinenform mit Frischhaltefolie auskleiden.
Nach 12–15 Minuten den Parmesan und die kalten Butterwürfel unter das Risotto rühren, mit Salz und Pfeffer abschmecken.
Das Risotto vom Herd nehmen und in die Terrinenform füllen, mit etwas Folie verschließen und mindestens 4 Stunden (besser über Nacht) kalt stellen.
Terrine aus der Form stürzen, in fingerdicke Scheiben schneiden, in Mehl tauchen und in einer Pfanne in Butterschmalz oder Olivenöl auf beiden Schnittflächen goldgelb braten.

Weinempfehlung:
Müller Thurgau, Extrem 2019, Domäne Wachau

Eierschwammerl auf Kräutersalat mit knusprigen Weinviertler Prosciutto

4 Portionen

300 g Eierschwammerl, geputzt und evtl. geschnitten
2 Schalotten, fein geschnitten
1 Knoblauchzehe
Butterschmalz oder Öl
50 g Rucola, gewaschen
1 EL Petersilie, gehackt
Salz, Pfeffer aus der Mühle
Kümmel, gemahlen
ca. 50 g frische Kräuter z.B. Basilikum, Oregano, Kresse
8 Scheiben San Daniele-Schinken
Weißbrotcroutons aus 4 Scheiben entrindetem Toastbrot
Blüten zum Ausgarnieren z.B. Duftveilchen, Gänseblümchen

Marinade:
Zitronensaft
Salz, Pfeffer
evtl. Zucker
Olivenöl
Balsamicoessig
evtl. Wasser

Tipp:
Als Alternative zum San Daniele-Schinken kann auch Parmaschinken oder Procciutto verwendet werden.

Weinempfehlung:
Sankt Laurent 2018, WG Eichberger, Eibesbrunn

Das Backrohr auf 180 °C vorheizen.
Für die Marinade ca. 2 Teile Balsamico und 1 Teil Zitronensaft in ein leeres Marmeladenglas mit Deckel geben. Salz, Pfeffer und Zucker dazu mengen und ca. 3 Teile Olivenöl darauf füllen (Glas soll nicht ganz voll sein), mit dem Deckel verschließen und kräftig schütteln. Danach noch einmal abschmecken und zur Seite stellen.
Anschließend ein Backblech mit Backpapier auslegen und die Schinkenscheiben darauf legen, für 10–12 Minuten ins Rohr geben bis die San Daniele-Scheiben knusprig sind.
In der Zwischenzeit die Schalotten und den gehackten oder gepressten Knoblauch in einer heißen Pfanne mit wenig Butterschmalz anschwitzen. Anschließend die Eierschwammerl dazugeben und mit Salz, Pfeffer, gemahlenem Kümmel und Petersilie würzen.
Salatmarinade im Glas noch einmal kräftig schütteln und den Rucola und die Kräuter damit marinieren.
Kräutersalat auf Teller anrichten, die Eierschwammerl darauf verteilen, mit Weißbrotcroutons bestreuen, den knusprigen San Daniele darauf legen und mit Blüten dekorieren.

Schafkäseschaum

mit mediterranem Gemüse im Glas

Schafkäseschaum:
für 500ml ISI-Flasche

250g Schaf-Frischkäse
80g Joghurt
Salz, Cayennepfeffer
einige frische Basilikumblätter, grob geschnitten
200ml Obers
1 kleine Knoblauchzehe, geschnitten
2 Sahnekapseln
Kräuter zum Garnieren

Mediterranes Gemüse:
4 Portionen

50ml Olivenöl
80g Zwiebel
1 Knoblauchzehe
300g gemischte Paprika
250g Melanzani (Auberginen)
250g Zucchini
Salz, Pfeffer
Thymian, Rosmarin, Majoran, Basilikum
evtl. weißer Balsamico
150g Tomaten-Concassé (Paradeiser geschält und gewürfelt)

Für den Schafkäseschaum alle Zutaten zusammenmischen und mit dem Stabmixer pürieren, durch ein Sieb streichen und in die ISI-Flasche füllen. Abschließend die Flasche zuschrauben und mit zwei Patronen aufschlagen.

Zwiebel und Knoblauch fein hacken, danach das verbleibende Gemüse in Würfel schneiden. Zwiebel, Knoblauch und Paprika in Olivenöl gut andünsten. Melanzani und Zucchini dazugeben und mit Salz, Pfeffer, Thymian, Rosmarin und Majoran würzen. Das Gemüse zugedeckt – damit keine Flüssigkeitszugabe notwendig ist – weich dünsten.
Kurz vor Ende der Kochzeit die Paradeiswürfel und das Basilikum untermischen und nach Belieben mit weißem Balsamico kräftig abschmecken. Anschließend kalt stellen.

Zum Anrichten ein wenig Schafkäseschaum in Gläser spritzen, das kalte Gemüseragout darauf füllen und zum Schluss eine weitere Schicht Schafkäseschaum darauf anrichten und mit Kräutern garnieren.

Stringoli
mit Rucola

6 Portionen

Stringoliteig:
300 g Mehl, glatt
170 g Weizengrieß
210 ml Wasser
30 ml Olivenöl
Salz

Sauce:
60 g Zwiebel, fein geschnitten
1 Knoblauchzehe, gehackt
50 g Rucola, gehackt
500 g Fruchtfleisch von Paradeisern, fein gewürfelt
3 EL Olivenöl
Salz, Pfeffer

Garnitur:
50 g Rucola
Pflanzenöl zum Frittieren
2 EL Mascarpone
1 EL Obers

Weinempfehlung:
Neuburger Freiheit 2017, Gernot Heinricht, Gols

Für den Nudelteig Mehl, Grieß, Wasser, Öl, und eine Prise Salz zu einem festen Teig verarbeiten, in Frischhaltefolie einwickeln und im Kühlschrank mindestens eine Stunde rasten lassen.

Von dem gekühlten Teig ein Stück abschneiden und aus diesem eine ca. 1 cm dicke Rolle formen. Diese anschließend in etwa 7 cm lange Stränge schneiden und zu Nudeln formen, die an den Enden spitz zulaufen.

Für die Soße zuerst Zwiebel und Knoblauch in heißem Öl anschwitzen. Anschließend die Paradeiser zugeben und bei geringer Hitze 10 Minuten köcheln lassen. Salzen, pfeffern und den geschnittenen Rucola untermengen.

Für die Garnitur etwas Rucola in heißem Öl frittieren. Vorsicht, spritzt sehr stark.

Nudeln in sprudelndem Salzwasser ca. 10 Minuten kochen, danach abseihen. Die Stringoli mit Tomatensauce, Mascarpone und frittiertem Rucola anrichten.

Mariniertes Lachsfilet

auf Avocado-Mango-Salat

6 Portionen

Filet:
600g Lachsfilet,
ohne Haut, dünn geschnitten
weißer Balsamico
Olivenöl
Petersilie, gehackt
Meersalz
50g Pinienkerne, geröstet

Salat:
1 Mango
2 Avocados
½ kleiner Granatapfel
grober Meaux-Senf
Chilisauce
Salz, Pfeffer
Olivenöl, Limettensaft

Mango und Avocado schälen, vom Kern lösen und in ca. 2mm kleine Würfel schneiden.
Die Kerne aus dem Granatapfel klopfen.
Granatapfelkerne, Avocado- und Mangowürfel vermischen und mit Senf, Chilisauce, Olivenöl, Limettensaft, Salz und Pfeffer abschmecken.
Die Lachsfilets mit weißem Balsamico und Olivenöl beträufeln, mit Meersalz, Pfeffer und den Pinienkernen bestreuen.
Anschließend den marinierten Lachs mit dem Avocado-Mango-Salat auf einem Teller anrichten.

Weinempfehlung: *Sauvignon Blanc Ried Steinbach 2014, Lackner, Tinnacher, Gamlitz Südsteiermark*

Spargel mit Garnelen und Shrimps

auf Wildkräutersalat

4 Portionen

4 Stangen Solospargel
400g Grünspargel
6 Stück Riesengarnelen
ca. 120g Shrimps
Butter
Zucker
Olivenöl
Zitronensaft
Salz, Pfeffer aus der Mühle
Thymian
Orangenreduktion
Orangen-Ingwerdressing (S. 139)
ca. 100g Blattsalat mit Wildkräutern

Orangenreduktion:
400ml Orangensaft
6 Kardamon-Kapseln

Für die Orangenreduktion den Orangensaft mit den Kardamon-Kapseln auf ca. 100ml einkochen.

Weinempfehlung:
Grüner Veltliner PetNat 360°, Geyerhof, Furth

Den Solospargel schälen und in Wasser mit Zitronensaft, Butter, Zucker und Salz „knackig" kochen, anschließend in Eiswasser abschrecken.
Den Solospargel der Länge nach mit einem Messer in hauchdünne Scheiben schneiden und auf einem Teller fächerförmig auflegen. Mit der Orangenreduktion, Olivenöl, Salz und Pfeffer marinieren.
Den rohen Grünspargel mit einem Sparschäler der Länge nach schneiden und die Spitzen halbieren.
Die Garnelen schälen und halbieren, mit Zitrone, Salz und Pfeffer würzen und anschließend mit den Grünspargelstreifen in einer heißen Pfanne mit Olivenöl anbraten.
Hierbei etwas Thymian mitbraten, später die Shrimps kurz dazugeben, durchschwenken und danach mit dem in Orangen-Ingwerdressing marinierten Wildkräutersalat vermengen. Das Gemisch auf dem Solospargel verteilen und servieren.

In unmittelbarer Nähe zum Quellursprung liegt das heutige Gasthaus, eine ehemalige Rohrwaldhütte, benannt nach der Quelle „Goldenes Bründl". Die Rohrwaldhütte wurde am 13. September 1885 als Treffpunkt für Wanderer erstmals eröffnet. Im Jahre 2000 übernahmen Regine und Gerhard Knobl das Gasthaus und gestalteten es durch einige Renovierungen und einem Zubau zu seinem heutigen Erscheinungsbild um. Der ehemalige Gasthof für Wanderer überzeugt heute mit hervorragender Haubenküche und wunderschönem Ambiente.

Walnuss-Wachtelbrust

mit Buttermilchterrine

8 Portionen

125g Buttermilch
125g Crème fraîche
Saft einer Zitrone
3 Blatt Gelatine
125g Schlagobers
2 Eiweiß
20g (1 EL) Kristallzucker
8 „große" Wachtelbrüste
Salz, Pfeffer
16 junge Walnussblätter (max. 5cm)
4 EL Geflügelfond (S. 135)
1 EL kalte Butterflocken zum Montieren
Fett zum Braten
einige „milde" Blattsalate
Marinade nach eigenem Geschmack
etwas Walnussöl
junge Walnussblätter, grob geschnitten
Schnittlauch, geschnitten

Weinempfehlung:
Grüner Veltliner Hutzler 2018,
Stefan Bauer, Feuerbrunn

Die Gelatine in kaltem Wasser einweichen.
Eiweiß mit Kristallzucker zu Schnee schlagen. Buttermilch und Crème fraîche mit etwas Salz verrühren. Die eingeweichte Gelatine ausdrücken, in warmem Zitronensaft auflösen und in die Buttermilchmischung rühren. Das Schlagobers aufschlagen, gemeinsam mit dem Eischnee unter die Masse heben und abschmecken. In eine mit Frischhaltefolie ausgelegte Terrinenform füllen und im Kühlschrank mindestens 3 Stunden kalt stellen.

Wachtelbrüste salzen und pfeffern. Auf jede Seite ein Nussblatt aufdrücken. Kurz vor dem Anrichten in einer heißen Pfanne in etwas Fett auf beiden Seiten kurz braten, damit das Nussblatt knusprig wird, aber nicht verbrennt. Die Wachtelbrüste aus der Pfanne nehmen, den Bratensaft mit Suppe ablöschen und mit kalter Butter aufmontieren.

Blattsalate mit den Nussblättern vermischen, mit der Marinade und dem Walnussöl marinieren.

Zum Anrichten die Buttermilchterrine aus der Form stürzen, in Schnittlauch wälzen und anschließend in fingerdicke Scheiben schneiden. Je eine Scheibe auf einen Teller legen, Blattsalat und Wachtelbrust daneben setzen und die Brust mit einigen Tropfen Bratensaft beträufeln.

Grammel-Knödel

8 Stück

Teig:
500g Erdäpfel,
mehlig, geschält
200g Weizenmehl, griffig
50g Weizengrieß
2 Eier
Salz, Muskatnuss

Fülle:
ca. 250g Grammeln,
etwas gehackt
1 Zwiebel, fein geschnitten
2TL Schmalz
2 Knoblauchzehen, gehackt
Petersilie, gehackt
Salz, Pfeffer, Majoran

Vorbereitung am Vortag:
Die Erdäpfel kochen und die Fülle zubeiten.

Für die Fülle Zwiebel und Knoblauch in Schmalz anschwitzen lassen, die Grammeln dazugeben, mit Salz, Pfeffer, Majoran und Petersilie würzen und kalt stellen.

Beilagentipp:
Zu diesem Gericht empfehlen wir das Paprikakraut auf Seite 84.

Weinempfehlung:
Grüner Veltliner Kaasgraben 2016, Fritz Weininger, Stammersdorf

Die Erdäpfel durch eine Erdäpfelpresse fein passieren und mit den weiteren Zutaten verkneten. Anschließend den Teig 10 Minuten rasten lassen.
Aus der kalten Grammelmasse kleine Kugeln formen und mit dem Erdäpfelteig umhüllen. Die Knödel in gesalzenem Wasser ca. 10 Minuten kochen.

Roastbeef vom Hirsch
mit Topinambur und Zimtbrot

4 Portionen

Roastbeef:
400g ausgelöster Hirsch-
kalbsrücken ohne Silberhaut
Salz, Pfeffer, Thymian
Wacholder, gestoßen
Fett zum Braten

Topinambur-Creme:
30g Zwiebel, gewürfelt
Nussöl
300g Topinambur,
roh und geschält,
in Stücke geschnitten
50ml Weißwein
300ml Geflügelfond (S. 135)
150ml Obers
Salz, Pfeffer, evtl. Trüffelöl
ISI-Flasche mit Patrone

Zimtbrot:
4 dünne Scheiben Schwarzbrot
Butter
Salz, Pfeffer, Thymian
Wacholder, gestoßen
Staubzucker und Zimt, gemahlen

evtl. Blattsalat mit Marinade

Das Backrohr auf 180°C vorheizen. Hirschrücken mit Salz, Pfeffer, Wacholder und Thymian würzen. In einer heißen Pfanne mit etwas Fett auf allen Seiten anbraten und samt Pfanne für ca. 10 Minuten ins Rohr geben (48°C Kerntemperatur). Danach in Frischhaltefolie wickeln und zur Seite stellen.

Für die Creme Zwiebel und Topinamburen, ohne Farbe zu nehmen, in Nussöl anschwitzen. Anschließend mit Weißwein ablöschen, Fond und Obers dazugeben und so lange kochen bis die Topinamburen weich sind. Danach mixen und durch ein feines Sieb passieren. Die Creme mit Salz, Pfeffer und eventuell Trüffelöl abschmecken. Auskühlen lassen, in die ISI-Flasche füllen und aufschäumen.
Das Backrohr auf 180°C vorheizen. Die Brotscheiben dünn mit Butter bestreichen und im Backrohr ca. 8 Minuten knusprig toasten. Anschließend aus dem Backrohr nehmen und auf jeder Seite mit Staubzucker und ein wenig Zimt bestreuen.

Den Topinambur-Schaum auf Teller spritzen, Hirschrücken in dünne Scheiben schneiden und daraufsetzen. Den marinierten Salat hinzugeben und mit den Brotscheiben garnieren.

***Weinempfehlung:** Pinot Noir Reserve 2018, Domäne Wachau*

Carpaccio vom Rindsfilet
auf Ingwer-Pesto

6 Portionen

600g Rindsfilet, zugeputzt
Trüffelöl oder Olivenöl
etwas Rucola
Parmesan
Salz, grob
Pfeffer, aus der Mühle
Balsamico für den Salat

Pesto:
50g Ingwer, geschält, fein geschnitten
50g Pinienkerne, geröstet
30g frischen Parmesan, gerieben
50ml Olivenöl
Salz, Pfeffer, Honig

Vorbereitung am Vortag:
Rindsfilet fest in Frischhaltefolie einwickeln und einfrieren.

Weinempfehlung:
Zweigelt Rosé 2019, Weingut Stuttner, Bisamberg

Für das Pesto Ingwer, Pinienkerne, Parmesan und Olivenöl mit dem Stabmixer mixen und mit Salz, Pfeffer und etwas Honig abschmecken.

Rindsfilet aus dem Tiefkühler nehmen und 30 Minuten bei Zimmertemperatur „antauen" lassen.
Teller mit Ingwer-Pesto bestreichen. Rindsfilet aus der Folie wickeln und noch gefroren auf einer Aufschnittmaschine in 1mm dünne Scheiben schneiden. Die Scheiben auf den Tellern verteilen und mit Trüffel- oder Olivenöl einstreichen, mit Salz und Pfeffer würzen.
Rucola mit Balsamico marinieren und auf das Carpaccio setzen. Zuletzt den Parmesan in kleine Stücke brechen und auf den Tellern verteilen.

Vitello tonnato
mit Thunfisch-Steak

4 Portionen

400 g Kalbsrücken oder Kalbstafelspitz, rosa gebraten (Kerntemperatur 50 °C), kalt
300 g frisches Thunfischfilet
200 g Thunfisch aus der Dose
1 Eidotter
125 ml Olivenöl
2 EL Kapern, fein gehackt
1 EL grüne Oliven, entkernt, fein gehackt
1 Sardellenfilet
Weißweinessig oder Zitronensaft
kalter Geflügelfond zum Verdünnen (S. 135)
Kapernbeeren zum Garnieren
evtl. Rucola
Pfeffer, Salz
Sojasauce
Wasabipaste
Sesamöl

Thunfisch aus der Dose mit Sardellenfilet und etwas Suppe fein mixen. Eidotter mit Essig und einem Esslöffel Suppe vermischen. Unter ständigem Rühren das Olivenöl langsam einfließen lassen bis die Masse zur Mayonnaise wird. Fischmasse, Oliven und Kapern darunter mengen. Anschließend mit Salz und Pfeffer abschmecken.

Den frischen Thunfisch in 150 g schwere Steaks schneiden. Mit Sojasauce, Wasabi und Sesamöl marinieren und auf beiden Seiten rosa braten.

Kalbfleisch dünn aufschneiden, auf Teller oder Platte legen und mit der Thunfischsauce nappieren. Thunfischsteak halbieren, daraufsetzen und abschließend mit Kapernbeeren und eventuell Rucola garnieren.

Weinempfehlung: *Weißburgunder Privat 2018, Irmi Stich, Bad Pirawarth*

Lacor

SUPPEN

Artischockensuppe

mit Riesengarnele

4 Portionen

Suppe:
4 Artischocken
Saft einer Zitrone
100 g Zwiebel,
geschält und gewürfelt
1 Knoblauchzehe,
fein gehackt
3 EL Olivenöl
50 ml Weißwein
500 ml Gemüsefond
oder Geflügelfond (S. 135)
100 ml Obers
1 Thymianzweig
Salz, Pfeffer

Garnele:
4 Riesengarnelen
Zitronensaft
Meersalz, grob
Pfeffer, aus der Mühle
etwas Olivenöl

gehobelter Parmesan
zum Garnieren

Den Stiel der Artischocken abtrennen und die Blätter 2–3 cm über den Artischockenböden abschneiden. Die verbliebenen harten Blätter rund um den Boden entfernen, dann mit einem Teelöffel oder Kugelausstecher das „Heu" aus der Mitte lösen. Die Artischocken in kleine Stücke schneiden und mit etwas Zitronensaft beträufeln, um das Braunwerden zu verhindern.

Zwiebel und Knoblauch in Olivenöl anschwitzen, Artischocken hinzufügen und kurze Zeit mitdünsten, anschließend mit Weißwein ablöschen. Fond und Thymian dazugeben. Mit Salz und Pfeffer würzen und kochen lassen. Obers beigeben, im Standmixer pürieren und durch ein feines Sieb seihen.
Die Suppe noch einmal aufkochen lassen und eventuell mit Zitronensaft, Salz und Pfeffer nachwürzen.

Die Garnelen schälen, mit Zitronensaft, Salz und Pfeffer würzen, mit Olivenöl beträufeln und auf dem Grillrost oder in Pfanne kurz grillen. Suppe in Teller anrichten, mit Parmesan bestreuen und mit Riesengarnele servieren.

Gazpacho

kalte Gemüsesuppe

4 Portionen

3 Scheiben Weißbrot
3 Knoblauchzehen
4 EL Olivenöl
500 g Paradeiser
1 rote Paprikaschote
1 Salatgurke
1 Zwiebel
2 EL Sherry- oder Weinessig
0,5 l kalter Gemüsefond (S. 135)
Salz, Pfeffer aus der Mühle
evtl. 4 Paprikaschoten zum Anrichten

Eine der drei Brotscheiben in Würfel schneiden und beiseite stellen. Den Knoblauch mit einer Prise Salz zerdrücken. Das restliche Brot zerpflücken. Knoblauch, Brot und Öl mit dem Stabmixer pürieren bis eine gleichmäßige Paste entsteht. Diese 30 Minuten ruhen lassen.
Das Gemüse putzen oder schälen, gegebenenfalls entkernen. Ein Drittel davon in kleine Würfel schneiden. Das restliche Gemüse mit der Knoblauchpaste pürieren, durch ein Sieb streichen und mit dem Essig sowie einem halben Liter Gemüsefond verdünnen. Die Suppe mindestens zwei Stunden im Kühlschrank ziehen lassen, danach noch einmal durchrühren und mit Salz und Pfeffer abschmecken.
Die Gazpacho mit dem gewürfeltem Gemüse und den Brotwürfeln, die man zuvor geröstet hat, kalt servieren.

Anrichtetipp: *Die Gazpacho in einer entkernten Paprikaschote servieren.*

Weinempfehlung:
Rosé Sekt, Schlosskellerei Christian Madl, Schrattenberg

Brennnesselsuppe
mit Seesaibling

6 Portionen

Suppe:
70g Butter
180g Zwiebel, geschnitten
1 kleine Knoblauchzehe
12g (ein gehäufter EL) Mehl
1l Gemüsefond (S. 135)
300ml Obers
Salz, Pfeffer aus der Mühle
Muskatnuss
180g Brennnesselblätter, blanchiert

Fisch:
6 Stück Seesaiblingfilets zu je 80g
Zitronensaft, Salz, Pfeffer
(Reis-) Mehl
Öl oder Butterschmalz

Die Brennnessel ist eine wahre Wunderpflanze. Neben Mineralien wie Eisen, Magnesium und Kalium enthält sie unter anderem auch mehr Vitamin C als Zitrusfrüchte. Die Pflanze fängt im April an zu treiben und ist bis tief in den Herbst beständig. Erntezeit der frischen Triebe ist in den Monaten April und Mai.

Für die Suppe zu Beginn die Brennnesselblätter in Salzwasser blanchieren, in Eiswasser abschrecken, ausdrücken und grob hacken.
Zwiebel und Knoblauch in Butter anschwitzen. Mehl dazugeben und durchrühren bis ein weißer Schaum entsteht. Gemüsefond und Gewürze beigeben und aufkochen lassen. Obers dazugießen. Wenn die Suppe wieder kocht, die Brennnesselblätter hinzufügen und noch einmal aufkochen lassen. Die Suppe anschließend mixen, durch ein feines Sieb passieren und abschmecken.

Die Saiblingfilets mit Zitronensaft, Salz und Pfeffer würzen, die Haut mit Mehl bestreuen und in einer heißen Pfanne in Öl auf der Hautseite knusprig braten.
Die Suppe in Tellern anrichten, je ein Fischfilet hineinlegen und servieren.

Grießnockerl

ca 20 Stück

96g Butter, handwarm
215g Grieß
2 Eier
Salz, Muskatnuss

Alle Zutaten vermengen und mit Salz und Muskatnuss abschmecken. Mit Hilfe zweier Kaffeelöffel Nockerl formen und in Salzwasser 5 Minuten stark kochen. Anschließend den Topf vom Herd nehmen und die Grießnockerl mindestens 10 Minuten zugedeckt ziehen lassen.

Milzschnitten

6 Portionen

300g Milz
2 Eier
Salz, Pfeffer,
Knoblauch, Majoran
Petersilie, gehackt
Toastbrotscheiben

Milz zwischen zwei Frischhaltefolien weich klopfen, anschließend auf einer Seite aufschneiden und mit einem Esslöffel ausschaben.
Die geschabte Milz mit Eiern und Gewürzen verrühren, auf Toastbrotscheibe streichen und mit der „Milzseite" nach unten in einer heißen Pfanne mit reichlich Öl frittieren. Währenddessen auch die zweite Seite mit Milzmasse bestreichen, umdrehen und auf der zweiten Seite ebenfalls frittieren. Die Milzschnitten aus der Pfanne nehmen und auf einer Küchenrolle abtropfen lassen. Abschließend in Rauten schneiden und in einer kräftigen Rindsuppe servieren.

Rindsuppe

mit gekochtem Rindfleisch

ca. 8 Portionen

ca. 3 kg Rindfleisch
(Tafelspitz, Schulterscherzel, ...)
300 g gemischtes Suppengemüse
200 g Zwiebel, mit Schale
½ Stange Lauch
Salz, Liebstöckel, Muskatnuss
15 Pfefferkörner
6 Pimentkörner, ganz
10 Wacholderbeeren
5 Lorbeerblätter
ca. 4 l Wasser
2 kg Rindsknochen
(evtl. Markknochen)
Schnittlauch, geschnitten
zum Bestreuen

Tipp:
Will man nur eine klare Suppe, kann die Knochenmenge erhöht und die Fleischmenge reduziert werden.

Zwiebel halbieren und in einer Pfanne mit der Schnittfläche nach unten sehr dunkel anbraten. Fleisch und Knochen waschen, Wasser in einem hohen Topf samt den Knochen zum Kochen bringen. Rindfleisch und etwas Salz beifügen und schwach wallend kochen. Nach einer halben Stunde den Schaum abschöpfen, Gewürze dazu geben und weiter köcheln lassen. Immer wieder den Schaum abschöpfen. Das Wurzelwerk schälen und ca. 30 Minuten vor Garende beifügen. Rindfleisch nach einer gesamten Kochzeit von ca. 2–3 Stunden mit einer Fleischgabel anstechen – „Fleisch soll leicht von der Gabel rutschen" – bei Bedarf noch weiterkochen.

Wenn das Fleisch nicht gleich serviert wird, dieses nicht aufschneiden und noch heiß in Frischhaltefolie einwickeln, damit es nicht austrocknet.
Zum Aufwärmen, das Fleisch aufschneiden und vorsichtig in der Rindsuppe erwärmen.

Morchelsuppe
mit gebackenem Salbei

4 Portionen

Suppe:
60g Morcheln, getrocknet
200ml brauner Kalbsfond (S. 136)
300ml Geflügelfond (S. 135)
250ml Schlagobers
20g Butter
40g Schalotten
80ml Madeira
40ml Cognac
Salz, Pfeffer, evtl. Trüffelöl

gebackener Salbei:
8 große Salbeiblätter
190ml Wasser
1 EL Butter, flüssig
125g Mehl, glatt
60ml Milch
1 Eiweiß
Salz
Fett zum Backen

Vorbereitung:
Die Morcheln gut waschen, bei Bedarf grob schneiden und einige Stunden vor dem Verarbeiten in lauwarmem Wasser einweichen.

Fein geschnittene Schalotten in Butter anschwitzen, Morcheln ohne Wasser beigeben, anschwitzen, mit Cognac und Madeira ablöschen. Mit Fond aufgießen, aufkochen lassen und Obers untermengen. Die Suppe 15 Minuten leicht kochen lassen, mit Salz, Pfeffer und eventuell Trüffelöl abschmecken.
Für den Backteig Butter, Wasser, Milch und Mehl mit einer Prise Salz zu einer glatten Masse verrühren. Eiweiß zu Schnee schlagen und unter die Masse heben. Fingerhoch Fett in einer Pfanne erhitzen, die Salbeiblätter durch den Teig ziehen und beidseitig goldgelb backen. Abschließend auf Küchenpapier abtropfen lassen und zur Morchelsuppe servieren.

Kürbissuppe
mit Wildfleischlaberl

6 Portionen

Kürbissuppe:
30g Zwiebel, gewürfelt,
300g Hokkaido Kürbis, roh,
geschält, in Stücke geschnitten
30ml Weißwein
450ml Geflügelfond (S. 135)
150 ml Obers
Salz, Pfeffer, Thymian, Kümmel
1–2 Zehen Knoblauch, fein geschnitten
Fett zum Braten

Wildfleischlaberln:
500g Wildfleisch
1 Semmel oder 2 Scheiben Weißbrot
1 kleine Zwiebel, geschnitten
2 EL Öl
1 Ei
Salz, Pfeffer
Majoran, Knoblauch
Petersilie, gehackt
Wacholder, Thymian
Senf, Preiselbeeren
ca. 30g Semmelbrösel
Fett zum Braten

Für die Suppe Zwiebel, Knoblauch, Kümmel und Kürbis in Fett, ohne Farbe zu nehmen, anschwitzen. Mit Weißwein ablöschen, Fond und Obers dazugeben und solange kochen bis der Kürbis weich ist. Anschließend mixen und durch ein feines Sieb passieren. Die Suppe mit Salz, Pfeffer und Thymian abschmecken.

Die Zwiebelwürfel in Fett anrösten und erkalten lassen. Fleisch mit Semmeln und Zwiebeln faschieren. Die Masse mit Gewürzen, Senf, Preiselbeeren, Ei und Brösel vermischen, abschmecken und daraus Laibchen formen.
Die Wildfleischlaberl in heißem Fett auf beiden Seiten goldgelb braten und in der Suppe servieren.

Rote Linsensuppe

mit Fasanenbrust

6 Portionen

Fasanenbrust:
400g Fasanenbrustfilets
Salz, Pfeffer, Thymian
Wacholder, gestoßen
dünne Scheiben Hamburger-speck zum Einwickeln
Fett zum Braten

Suppe:
100g rote Linsen
1 kleine Zwiebel, gewürfelt
50g Karotten, geschält und gewürfelt
1 EL Butter
½ Paprika, gewürfelt
etwas Chilischote
etwas Thymian
750ml Gemüsefond oder Geflügelfond (S. 135)
Salz, Pfeffer
weißer Balsamico

Für die Suppe die Zwiebel in Butter anschwitzen, die Linsen, Paprika und Karotten dazugeben und umrühren. Nach 2 Minuten mit dem Fond aufgießen. Chili und Thymian hinzufügen und alles 15 Minuten köcheln lassen. Anschließend im Mixbecher pürieren und durch ein feines Sieb seihen. Mit Salz, Pfeffer und Balsamico abschmecken, eventuell noch mit etwas Fond verdünnen.

Die Fasanenbrüste mit Salz, Pfeffer, Thymian und Wacholder würzen. Speckscheiben leicht überlappend auflegen und das Fleisch darin einwickeln. Auf allen Seiten in wenig Fett anbraten und anschließend 10 Minuten im Rohr bei 80 °C rasten lassen.

Die Linsensuppe in tiefe Teller gießen, Fasanenbrust in Scheiben schneiden und mit der Schnittfläche nach oben in die Suppe setzen.

Shrimps-Kokos-Suppe

6 Portionen

6 Knoblauchzehen
1 gestrichener TL Koriandersamen, geröstet
120 ml kräftiger Geflügelfond (S. 135)
1 Stück Ingwer, gerieben (ca. 6 cm groß)
500 ml Kokosmilch
abgeriebene Schale von 1 Limette
oder 10 Limettenblätter
2 Stangen Zitronengras
½ kleine Chilischote,
entkernt und in Ringe geschnitten
500 g Shrimps, geschält
3 EL Basilikum, fein geschnitten

Alle Zutaten, außer Shrimps und Basilikum, zum Kochen bringen und 15 Minuten köcheln lassen. Anschließend Shrimps hinzugeben und 2 Minuten kochen. Knoblauch, Zitronengras und Limettenblätter entfernen.
Die Shrimps-Kokos-Suppe mit Basilikum garnieren und servieren.

Szegediner-Krautsuppe
mit Schweinsrückensteak

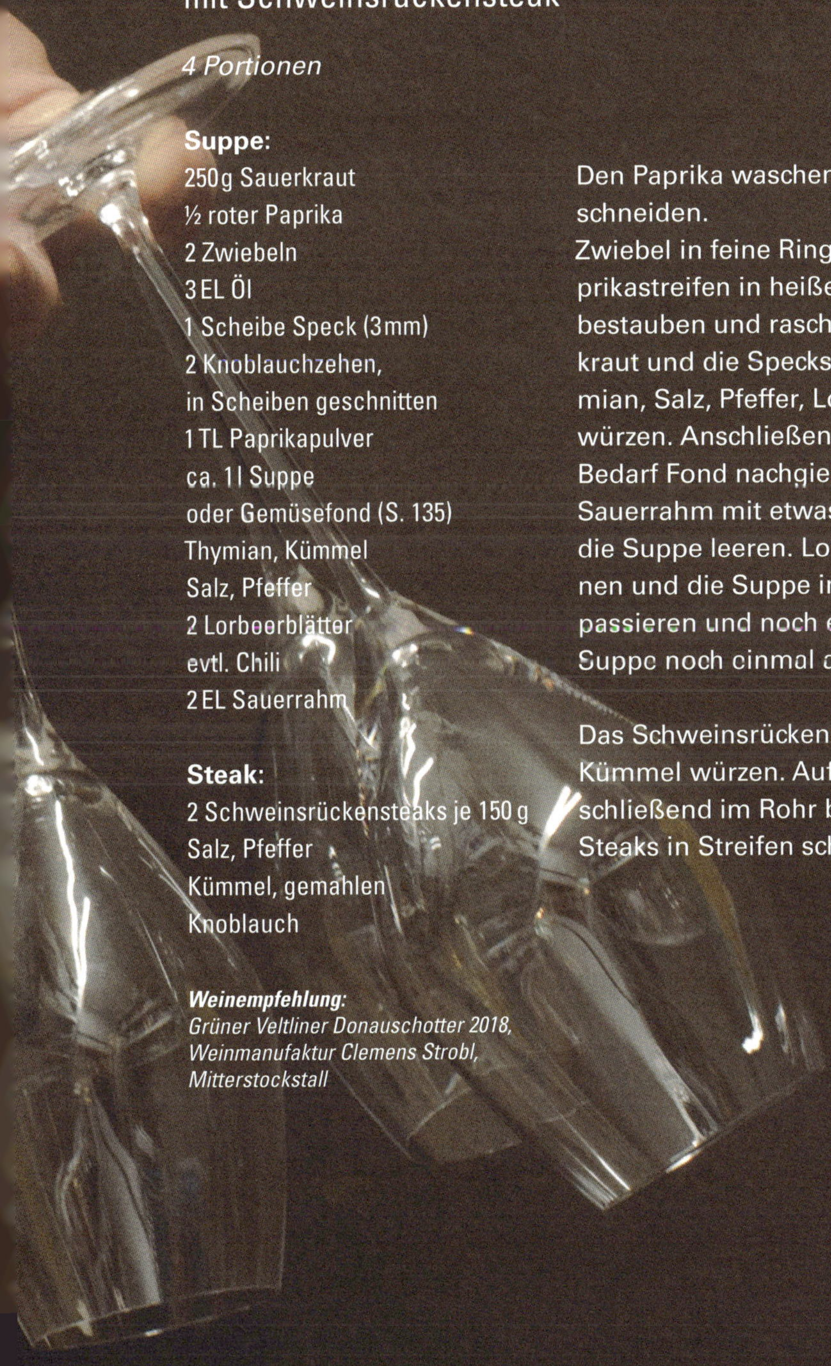

4 Portionen

Suppe:
250 g Sauerkraut
½ roter Paprika
2 Zwiebeln
3 EL Öl
1 Scheibe Speck (3 mm)
2 Knoblauchzehen,
in Scheiben geschnitten
1 TL Paprikapulver
ca. 1 l Suppe
oder Gemüsefond (S. 135)
Thymian, Kümmel
Salz, Pfeffer
2 Lorbeerblätter
evtl. Chili
2 EL Sauerrahm

Steak:
2 Schweinsrückensteaks je 150 g
Salz, Pfeffer
Kümmel, gemahlen
Knoblauch

Weinempfehlung:
Grüner Veltliner Donauschotter 2018,
Weinmanufaktur Clemens Strobl,
Mitterstockstall

Den Paprika waschen, entkernen und in 3 mm dicke Streifen schneiden.
Zwiebel in feine Ringe schneiden, mit Knoblauch und Paprikastreifen in heißem Öl anschwitzen. Mit Paprikapulver bestauben und rasch mit dem Fond aufgießen. Das Sauerkraut und die Speckscheibe dazugeben, mit Kümmel, Thymian, Salz, Pfeffer, Lorbeerblättern und eventuell etwas Chili würzen. Anschließend ca. 10 Minuten köcheln lassen und bei Bedarf Fond nachgießen.
Sauerrahm mit etwas heißer Flüssigkeit glattrühren und in die Suppe leeren. Lorbeerblätter und Speckscheibe entfernen und die Suppe im Mixbecher pürieren, durch ein Sieb passieren und noch einmal aufkochen lassen. Bei Bedarf die Suppe noch einmal abschmecken.

Das Schweinsrückensteak mit Salz, Pfeffer, Knoblauch und Kümmel würzen. Auf beiden Seiten scharf anbraten und anschließend im Rohr bei 80 °C 10 Minuten rasten lassen. Die Steaks in Streifen schneiden und in der Suppe servieren.

Zweierlei Paprikasuppe
mit Ricottanockerl

8 Portionen

rote Paprikasuppe:
2 große, rote Paprika, entkernt und gewürfelt
1 Zwiebel, geschält und gewürfelt
1 kleine Knoblauchzehe, gehackt
2 EL Olivenöl
80 ml Weißwein
400 ml Gemüse- oder Geflügelfond (S. 135)
100 ml Obers
Salz, Pfeffer, Thymianzweig, Rosmarinzweig und frischer Ingwer

gelbe Paprikasuppe:
2 große, gelbe Paprika, entkernt und gewürfelt
1 Zwiebel, geschält und gewürfelt
1 kleine Knoblauchzehe, gehackt
2 EL Olivenöl
80 ml Weißwein
400 ml Gemüse- oder Geflügelfond (S. 135)
100 ml Obers
Salz, Pfeffer, Thymianzweig, Rosmarinzweig und frischer Ingwer

Ricottanockerl:
35 g Parmesan, gerieben
150 g Ricotta
1 Ei
2–3 EL Mehl
Salz, Pfeffer, Muskatnuss

In zwei Töpfen parallel eine Suppe mit den roten Paprika und eine Suppe mit den gelben Paprika zubereiten.
Hierfür Zwiebel, Paprika und Knoblauch in Olivenöl anschwitzen, mit Weißwein ablöschen. Fond, Obers, Thymian, Rosmarin und etwas, in Scheiben geschnittenen, Ingwer dazugeben. Mit Salz und Pfeffer würzen und etwas einkochen lassen. Anschließend den Ingwer und den Thymian- und Rosmarinzweig aus der Suppe entfernen. Diese im Standmixer mixen und durch ein feines Sieb seihen.
Danach die Suppe noch einmal aufkochen lassen und bei Bedarf nachwürzen.
Für die Nockerl alle Zutaten vermischen und 10 Minuten ziehen lassen. Wasser in einem Topf aufkochen und salzen. Mit zwei Löffeln Nockerl formen und ins siedende Wasser legen. Etwa 10 Minuten köcheln lassen.

Die rote und gelbe Paprikasuppe gleichzeitig in einen Suppenteller gießen und mit je zwei Ricottanockerl servieren.

HAUPTSPEISEN

Tipp:
Für die Schwammerl-Canneloni kann nach Belieben jegliche Art von Pilzen verwendet werden.

Weinempfehlung:
Grauburgunder Reserve Ried Aichleiten 2018, Weingut Schwarzböck, Hagenbrunn

Schwammerl-Cannelloni

8 Stück

Füllung:
80 g Zwiebel
1 Knoblauchzehe
300 g Pilze
100 g Blattspinat, geputzt
1 bis 2 Stangen Lauch
30 g Butter
40 g Lauch, fein gewürfelt
100 ml Obers
½ TL Salz
Pfeffer, aus der Mühle

Sauce:
250 ml Obers
1 Eigelb
Pfeffer
1 EL Petersilie, gehackt
Butter zum Befetten
der Formen

Das Rezept für den Nudelteig
ist auf Seite 131 zu finden.

Für die Füllung Zwiebel, Knoblauch und Spinat fein hacken. Die Pilze putzen und in kleine Würfel schneiden.
Zwiebel und Knoblauch in Butter anschwitzen. Die Pilze drei Minuten mitbraten, den Spinat und den gewürfelten Lauch beigeben und durchschwenken. Mit Obers aufgießen, salzen und pfeffern. Die Fülle 3–4 Minuten einkochen und anschließend auskühlen lassen.

Den Lauch putzen und vom unteren hellen Teil ein etwa 12 cm langes Stück abschneiden. Von diesem vorsichtig 8 Blätter lösen und in siedendem Salzwasser 4 Minuten kochen. Kalt abschrecken und gut abtropfen lassen.

Den Teig mit einer Nudelmaschine dünn ausrollen und Rechtecke zu je 9×14 cm schneiden. Diese in kochendem Salzwasser 2 Minuten garen, aus dem Wasser nehmen und auf einem feuchten Küchentuch ausbreiten. Jedes Teigblatt mit einem Lauchblatt belegen, die Füllung darauf verteilen und zu Cannelloni rollen.

Für die Sauce das Obers aufkochen und um ein Drittel reduzieren.
Im Anschluss kurz abkühlen lassen. Das Eigelb mit einem Esslöffel heißem Obers verquirlen, und dann ins übrige Obers einrühren. Die Sauce salzen, pfeffern und mit Petersilie verfeinern.
Die Cannelloni in eine gebutterte Form legen, mit der Sauce übergießen und im Rohr bei 200 °C ca. 12 Minuten backen.

Gersten-Bärlauchrisotto
mit Shiitakepilzen

4 Portionen

70 g Schalotten,
fein geschnitten
1 EL Butter
1 EL Olivenöl
180 g Gerste, geschliffen
120 ml Weißwein
700 ml Gemüsefond (S. 135)
250 g Shiitakepilze,
dünn geblättert
½ Bund Frühlingszwiebeln,
fein geschnitten
1 EL Petersilie, gehackt
ca. 100 g roher Bärlauch,
in Streifen geschnitten
2 EL Parmesan, gerieben
Salz, Pfeffer
etwas kalte Butter zum Vollenden

Tipp:
Der Bärlauch kann saisonbedingt auch durch andere Kräuter ersetzt werden.

Weinempfehlung:
Pinot blanc Leithaberg 2017, Leo Hillinger, Jois

Schalotten in Butter und Olivenöl anschwitzen, Gerste hinzugeben, ein wenig mitsautieren und mit Weißwein ablöschen.
Anschließend mit der Hälfte der heißen Suppe aufgießen, langsam köcheln lassen und mehrmals umrühren. Wenn die Gerste die Flüssigkeit aufgesogen hat, wieder etwas heiße Suppe nachgießen. Nach ca. 30–40 Minuten ist die Gerste weich.
In der Zwischenzeit in einer heißen Pfanne die Frühlingszwiebeln mit den Pilzen kurz ansautieren. Die Mischung dem Gerstenrisotto beimengen, würzen und mit Parmesan, Bärlauch, Petersilie und etwas kalter Butter vollenden.

Weinempfehlung: *Kallstadt Riesling „vom Kalkfels" Weingut Rings, Freinsheim, Pfalz, Deutschland*

Knödelauflauf

mit Morcheln

6 Portionen

250 g Semmelwürfel
3 Eidotter
3 Eiklar
300 ml Milch
80 g Butter, weich
100 g Morcheln,
geputzt und gewaschen
Salz, Pfeffer
Muskatnuss
evtl. Trüffelöl
evtl. Petersilie
1 kleine Zwiebel,
fein geschnitten
1 EL Butter zum Sautieren
Cognac und Madeira,
zum Ablöschen
Butter und Brösel für die Förmchen

Vorbereitung:
Die *Milch erhitzen und über die Semmelwürfel gießen, durchrühren und ca. eine halbe Stunde rasten lassen.*

Weinempfehlung:
Grüner Veltliner Grub 2019,
Hannes Hirsch, Kammern

Die Zwiebel mit einem Esslöffel Butter anschwitzen, die Morcheln beifügen, salzen und pfeffern. Anschließend mit Cognac und Madeira ablöschen und so lange kochen bis die Flüssigkeit verdunstet ist. Die Morcheln zu den Semmelwürfeln geben.
Die Butter mit Salz, Pfeffer und Muskatnuss schaumig schlagen, die Eidotter nach und nach beifügen.
Die Eiklar mit etwas Salz zu Schnee schlagen.
Den Butterabtrieb zur Semmelmasse geben und den Eischnee unterheben, anschließend nach Belieben mit Trüffelöl abschmecken.
Knödelmasse in gebutterte und gebröselte Förmchen füllen. Im Dampfbackofen bei 200 °C und 80 % Feuchtigkeit 20 Minuten backen.
Die gebackene Masse aus den Formen stürzen und heiß servieren.

Norbert Steiner
Küchenchef
Wirtshaus
kult

Eierschwammerltascherl

in Butter gebraten

4 Portionen

Teig:

600g mehlige Erdäpfel, geschält und gewogen
150g Weizenmehl, griffig
20g Erdäpfelstärke
2 Dotter
1 EL Öl
Salz, Muskatnuss

Fülle:

150g frische Eierschwammerl
1 kleine Zwiebel, fein geschnitten
20g Butter
Salz, Pfeffer
Knoblauch
Petersilie, gehackt
Butter, flüssig
Ei zum Bestreichen

Tipp:
Statt Eierschwammerl können für dieses Rezept auch andere Pilze verwendet werden.

Weinempfehlung:
Neuburger 2018, Feiler-Artinger, Rust, Burgenland

Für den Teig die Erdäpfel in Salzwasser nicht zu weich kochen, abseihen und auf kleinster Flamme im Topf ausdampfen lassen.
Durch die Erdäpfelpresse drücken und mit den übrigen Zutaten rasch zu einer Masse kneten, anschließend überkühlen lassen.

Für die Zubereitung der Fülle die Zwiebel in Butter anschwitzen, Knoblauch und Schwammerl dazugeben. Mit Salz, Pfeffer und Petersilie abschmecken und solange sautieren, bis die Flüssigkeit verdampft ist. Die Schwammerl auf ein kleines Backblech leeren und auskühlen lassen.
Den Teig dünn ausrollen und mit einem runden Ausstecher (Durchmesser ca. 9 cm) ausstechen. Danach die Fülle daraufsetzen, den Rand mit Ei bepinseln, zusammenklappen und an den Rändern leicht andrücken.

Die Tascherl vor dem Anrichten kurz in gesalzenem Wasser kochen, aus dem Topf nehmen und in einer heißen Pfanne mit Butter auf beiden Seiten goldgelb anbraten.

Spargel
mit Sauce Hollandaise

4 Portionen

Spargel:
20 Stangen Solospargel, weiß, geschält
Salz, Zucker, Zitronensaft

Sauce:
200 g Butter, warm und geklärt (von ca. 300 g Butter)
4 Eidotter
Saft einer Zitrone
1 EL Worcestersauce
1 Messerspitze Cayennepfeffer
etwas Spargelfond (gewürztes Spargelkochwasser)
Salz

Weinempfehlung:
Sauvignon Blanc Ried Leitenberg 2019, Weingut Urban, Wullersdorf

Einen passenden Topf mit Wasser füllen, dieses aufkochen lassen und mit Zucker, Zitronensaft und viel Salz würzen. Den Spargel ins Kochwasser legen, ca. 5 Minuten köcheln und noch weitere 10 Minuten bei 80 °C ziehen lassen.

Für die Sauce Hollandaise die Dotter mit Zitronensaft, Worcestersauce, Salz, Cayennepfeffer und ca. 2 Esslöffel Spargelfond über einem Wasserbad mit einem Schneebesen aufschlagen.
Anschließend langsam die geklärte Butter unter ständigem Rühren dazugießen. Die Mischung so lange aufschlagen bis eine dickliche Sauce entsteht, bei Bedarf noch Spargelfond dazugeben. Die Sauce Hollandaise vom Wasserbad nehmen und abschmecken.

Den Spargel aus dem Topf heben, gut abtropfen lassen, auf Teller anrichten und mit der Sauce Hollandaise nappieren.

Tipp:
Für die Dalken eignet sich auch aufgetauter, passierter Tiefkühlspinat

Weinempfehlung:
Grüner Veltliner Straß 2019, Birgit Eichinger, Straß / Straßertal

Spinatdalken

4 Portionen

250 g Spinat, blanchiert und gehackt
2 EL Petersilie, gehackt
2 Jungzwiebeln, fein geschnitten
2 Eier
2 EL Milch
2 EL Sauerrahm
1 EL Butter, flüssig
120 g Mehl, glatt
Salz, Pfeffer, Muskatnuss
Fett zum Braten
Sauerrahm
2 Eier, wachsweich
Kaviar zum Garnieren

Den Spinat in einem Geschirrtuch gut ausdrücken.
Eier, Milch, Sauerrahm und Butter verrühren, anschließend das Mehl untermischen. Den ausgedrückten Spinat, Jungzwiebel und Petersilie dazugeben und mit Salz, Pfeffer und Muskatnuss würzen. Die Masse einige Minuten rasten lassen und währenddessen die Eier 8 Minuten wachsweich kochen.
In einer Pfanne etwas Pflanzenfett erhitzen und für jeden Dalken einen Esslöffel Spinatmasse einlegen. Auf jeder Seite ca. 2 Minuten backen. Ein „Nockerl" Sauerrahm darauf setzen, mit den aufgeschnittenen Eiern und Kaviar garnieren und heiß servieren.

Als Rudolf, Urahn der Habsburger, gegen den Böhmenkönig Ottokar in den Krieg zog, verschlug es ihn, vor der Heeresschau auf dem Marchfeld im Jahre 1278, auch in die Niederungen des Rohrwaldes. Nach einem langen und kräftezehrenden Ritt, zusätzlich erschwert durch die herrschende Hitze, hielt Rudolf nach einem Brunnen oder einer Quelle Ausschau, um sich und sein Pferd an dieser zu erfrischen. Er empfand es wie ein Wunder, als er endlich das leise Murmeln einer Quelle vernahm. Am Rande des Quellaustritts bemerkte er einen goldenen Becher, ohne lange zu zögern benutzte er das kostbare Gefäß, um sich an dem frischen Wasser zu laben. Schon wollte er den Becher als Andenken einstecken, als eine Wassernixe mit zarter Stimme zu ihm sagte: „Herr, lasst von meinem Becherlein, ich habe es hier vergessen, es brächte euch kein Glück!"
Der weise Rudolf überlegte nicht lange und gab den Becher der Quellnixe zurück. Überglücklich über den ehrlichen Mann, zog sie einen goldenen Ring von ihrem Finger und gab ihm den Herrscher mit den Worten: „Nimm, oh Herr, diesen Ring und trage ihn in Ehren. So lange er im Besitz deiner Familie ist, wird er dir und deinen Nachkommen Glück und Segen bringen. Erlischt aber der Mannesstamm in deiner Familie, so müssen mir die Deinen den Ring wieder zurückgeben."
Dankbar nahm Rudolf das wertvolle Geschenk der Nixe an. Es brachte ihm reichlich Glück, denn in der Schlacht von Dürnkrut und Jedenspeigen konnte er wenig später Ottokar besiegen.
Als Kaiser Karl VI. ohne männlichen Thronerben gestorben war, brachte seine Tochter, Kaiserin Maria Theresia, der Nixe den Ring wieder zurück. Manche Leute mögen den goldenen Ring am Grund der Rohrwaldquelle schon gesehen haben. Dieser Anblick ist aber nur jenen vergönnt, die noch nie in ihrem Leben gelogen haben.

Branzinofilet

auf San Daniele-Rucolarisotto

6 Portionen

Branzinofilet:
6 Branzinofilets zu je 150g
Zitronensaft, Salz, Pfeffer
etwas (Reis-) Mehl
Fett zum Braten

Risotto:
30g Butter
200g Risottoreis
2 Schalotten,
geschält und fein geschnitten
½ Knoblauchzehe, gehackt
160ml Weißwein
700ml Geflügelfond,
heiß (S. 135)
40g Parmesan, gerieben
40g Butter, in Scheiben
120g Rucola,
gewaschen und ohne Stiele
120g San Daniele, gewürfelt
6 EL Obers, auf geschlagen
Salz
evtl. San Daniele-Chips (S. 17)
zum Garnieren und
Parmesan zum Bestreuen

Weinempfehlung:
Sauvignon blanc Zieregg 2016,
Weingut Tement, Ehrenhausen,
Südsteiermark

Für das Risotto Butter in einem Topf zerlassen und darin die Schalottenwürfel und den Knoblauch farblos anschwitzen. Rundkornreis bei mittlerer Hitze dazugeben und mitschwitzen, dabei rühren bis die Körner glasig werden – weder Reis noch Schalotten dürfen Farbe nehmen. Mit Weißwein ablöschen und umrühren bis der Reis die Flüssigkeit absorbiert hat. Den Reis mit einem Teil des heißen Geflügelfonds aufgießen und ständig rühren. Fond erst wieder nachgießen, wenn die Flüssigkeit weitgehend aufgesogen wurde.
In der Zwischenzeit San Daniele-Würfel in Öl anschwitzen und zur Seite stellen.
In das Risotto nach ca. 15 Minuten den Rucola, die Schinkenwürfel und den Parmesan beigeben, mit dem geschlagenen Obers aufmontieren und abschmecken.

Die Fischfilets mit Zitrone, Salz und Pfeffer würzen. Die Haut mit etwas Mehl bestreuen und mit Fett in einer heißen Pfanne auf der Hautseite knusprig braten. Die Filets kurz wenden und im Anschluss auf dem Risotto anrichten. Mit Parmesan bestreue, mit San Daniele-Chips garnieren und servieren.

Lauwarmes, mariniertes Forellenfilet

auf Zucchinipuffer

4 Portionen

Forellenfilet:
4 Forellenfilets
Salz, Pfeffer
Zitronensaft
4 Zweige Dille
Koriander, gemahlen
Olivenöl

Zucchinipuffer:
1 kleine Zucchini
1 mittelgroßer Erdäpfel, gekocht
2 EL Haferflocken
1 Ei
Salz, Pfeffer
Muskatnuss, Knoblauch
4 EL Sauerrahm
4 EL Forellenkaviar

Weinempfehlung:
Grüner Veltliner Stein 2017,
Bernhard OTT,
Feuersbrunn

Das Backrohr auf 80 °C vorheizen und einen Teller darin warmstellen.
Die Forellenfilets enthäuten, anschließend mit Olivenöl einreiben und mit Zitrone, Koriander, Salz und Pfeffer würzen. Die Filets mit je einem Dillzweig belegen, zusammenrollen und mit einem Zahnstocher fixieren. Danach auf den warmen Teller legen, mit Frischhaltefolie abdecken und für ca. 12 Minuten ins Backrohr stellen.

Zucchini und Erdäpfel mit einem Röstireißer reiben. Anschließend mit dem Ei und den Haferflocken vermischen. Die Masse mit Salz, Pfeffer, Knoblauch und Muskatnuss abschmecken und in einer heißen Pfanne auf beiden Seiten in Fett braten.

Den Zucchinipuffer auf einen Teller legen, einen Esslöffel Sauerrahm darauf geben, Forellenfilet darauf setzen und nach Belieben mit etwas Kaviar servieren.

Kabeljaufilet

mit Dinkel-Paradeisrisotto

4 Portionen

Fischfilet:

4 Kabeljaufilets zu je 150g
Zitronensaft, Salz, Pfeffer
etwas (Reis-) Mehl
Fett zum Braten

Risotto:

1 Zwiebel, geschält und
fein geschnitten
1 Knoblauchzehe, gehackt
30g Butter
200g „Dinkelrisotto“
(Dinkelkörner geschliffen)
Salz
Basilikum, geschnitten
160ml Weißwein
ca. 1l Gemüsefond, heiß (S. 135)
40g Parmesan, gerieben
40g Butter, in Scheiben
2 Paradeiser, geschält und gewürfelt
2EL getrocknete Paradeiser, gewürfelt
ca. 15 Stück Kirschtomaten, geschält
40g Butterwürfel zum Vollenden

Für das Dinkelrisotto Butter in einem Topf zerlassen und darin die Zwiebelwürfel farblos anschwitzen. Dinkelreis bei mittlerer Hitze dazugeben und mitschwitzen, dabei rühren bis die Körner glasig werden. Diese mit Weißwein ablöschen und umrühren bis der Dinkel die Flüssigkeit absorbiert hat. Danach mit einem Teil des heißen Fonds aufgießen und mehrmals umrühren. Fond erst wieder nachgießen, wenn die Flüssigkeit weitgehend aufgesogen wurde.

In das Risotto nach ca. 30 Minuten die Paradeiser, das Basilikum und die Hälfte des Parmesans beifügen und anschließend die kalten Butterwürfel einrühren.

Fischfilets mit Zitrone, Salz und Pfeffer würzen, Haut mit etwas Mehl bestreuen und in einer heißen Pfanne mit Fett auf der Hautseite knusprig braten, wenden und mit dem Dinkelrisotto anrichten. Das Gericht mit dem übrigen Parmesan bestreuen und servieren.

Weinempfehlung:
Riesling Heiligenstein 2017, Weingut Johann Topf, Straß / Straßertal

Karpfenfilet

auf Roter Rübe mit Himbeermarshmallow

4 Portionen

Karpfenfilets:
4 Stück Karpfenfilets zu je 150g
Salz, Pfeffer, Zitronensaft
(Reis-) Mehl zum Bestauben
Fett zum Braten

Rote Rübe:
ca. 600g Rote Rüben,
roh und geschält
Öl, Nussöl
etwas Rote-Rübensaft
Salz, Pfeffer
Thymian, Kren
Himbeeressig
120g Himbeeren
Walnüsse
Butter, Chili

Marshmallow:
400g Zucker
200ml Wasser
9 Blatt Gelatine
2 Eiklar
150g Himbeersauce,
ohne Zucker
Butter
Staubzucker

Für das Marshmallow die Gelatine in kaltem Wasser einweichen. Anschließend Zucker und Wasser bis auf 130°C aufkochen und die ausgedrückte Gelatine einrühren. Das Eiklar in der Küchenmaschine zu Schnee schlagen und den flüssigen Zucker eingießen. Die Himbeersauce beigeben und 5 Minuten auf höchster Stufe rühren. Ein Backblech mit Butter befetten und mit Staubzucker bestreuen, die Masse darauf streichen und 24 Stunden – nicht abgedeckt – kühlen. Anschließend die Masse in beliebig große Stücke schneiden.

Walnüsse mit geschnittenem Chili in einer Pfanne in etwas Butter rösten und salzen.
Die Roten Rüben in feine Streifen schneiden und in Öl anbraten, mit Himbeeressig und Rote-Rübensaft ablöschen. Danach mit Salz, Pfeffer, frisch geriebenem Kren, Thymian und Nussöl würzen und abschmecken. Kurz vor dem Anrichten die Himbeeren dazugeben.

In der Zwischenzeit die Karpfenfilets auf beiden Seiten mit Zitrone, Salz und Pfeffer würzen, die Haut mit Mehl bestauben und auf der Hautseite in Fett goldgelb braten.

Zum Anrichten wird etwas Rote Rüben-Gemüse auf einem Teller verteilt, die Karpfenfilets darauf gesetzt und mit Walnüssen bestreut. Abschließend wird das zuvor über der Lötlampe gegrillte Marshmallow darauf platziert.

Weinempfehlung: *Sankt Laurent Altenberg 2016,*
Weingut Glatzer, Göttlesbrunn

Vorbereitung am Vortag:
Da die Marshmallowmasse 24 Stunden lang gekühlt werden muss, sollte rechtzeitig mit der Zubereitung begonnen werden.

Miesmuscheln
in Weißwein–Staudenselleriefond

4 Portionen

2 kg Miesmuscheln
Olivenöl
10 EL kleine Gemüsewürfel (gelbe Rüben, Karotten, Sellerie)
8 Stangen Staudensellerie, geschält und fein geschnitten
2 Bund Jungzwiebeln, in Ringe geschnitten
8 Zehen Knoblauch, in Scheiben geschnitten
2 Bund Petersilie, gehackt
4 Lorbeerblätter
2 gestrichene TL Meersalz, grob
500 ml Weißwein

Die Muscheln waschen und offene Muscheln aussortieren.
Einen Topf mit Olivenöl erhitzen, Miesmuscheln, Gemüsewürfel, Staudensellerie, Jungzwiebel, Petersilie, Lorbeerblätter, Salz und Knoblauch darin kurz ansautieren. Anschließend mit Weißwein ablöschen und zudecken. 3 Minuten kochen lassen und zwischendurch schütteln.

Tipp: *Die Muscheln am besten noch heiß mit Weißbrot servieren.*

Frische Muscheln erkennt man an ihrer verschlossenen Schale. Ist diese bereits offen und verschließt sich bei Berührungen nicht, dann ist die Muschel nicht mehr genießbar. Die Miesmuscheln sollten sich während des Kochvorganges öffnen.

Welsfilet

auf Schafkäsegemüse

4 Portionen

Welsfilet:
4 Welsfilets zu je 150 g
Zitronensaft, Salz, Pfeffer
etwas (Reis-) Mehl
Fett zum Braten

Weinempfehlung:
Grüner Veltliner MLM
Himmelreich 2018,
Weingut Maurer, Röschitz

Schafkäsegemüse:
2 Stangen Jungzwiebeln,
in Ringe geschnitten
1 Karotte, geschält und
in dünnen Scheiben geschnitten
½ roter Paprika, in Rauten geschnitten
½ gelber Paprika, in Rauten geschnitten
1 kleine Zucchini, in Scheiben geschnitten
1 „Handvoll" Blattspinat, frisch
Knoblauch oder Bärlauch, geschnitten
evtl. Basilikum
etwas Gemüsefond (S. 135)
4 EL zerbröselter Schafkäse (Feta)
Salz, Pfeffer
Olivenöl

Jungzwiebeln, Karotten, Zucchini und Paprika in Olivenöl – am besten in einer Wokpfanne – anbraten. Das Gemüse mit Salz und Pfeffer würzen, mit Gemüsefond ablöschen und anschließend Spinat, Bärlauch und den zerbröselten Schafkäse hinzugeben. So lange durchschwenken bis eine sämige Sauce entsteht und bei Bedarf noch Gemüsefond beifügen. In der Zwischenzeit Fischfilets mit Zitrone, Salz und Pfeffer würzen. Die Haut mit etwas Mehl bestreuen und den Fisch in einer heißen Pfanne mit Fett auf der Hautseite knusprig braten. Kurz wenden und anschließend auf dem Gemüse anrichten.

Goldenes

Gekennzeichnet wird der Quellursprung durch ein kleines, viereckiges Brunnenhäuschen, welches im Schatten kräftiger Eichen und alter Kastanienbäume ruht. Die Benennung der Quelle „Goldenes Bründl“ reicht Jahrhunderte zurück. Bereits in einer Verkaufsurkunde aus dem Jahre 1385 wird diese Quelle „Goldener Brunn“ genannt. Sowohl früher als auch heutzutage ist die Quelle wegen ihres guten und klaren Wassers bekannt, welches Sie im Gasthaus und auch am Kellerbrunnen genießen können.

Lachsforelle
mit Kohlrabi-Erdäpfelragout

4 Portionen

Lachsforelle:
4 Lachsforellenfilets zu je 150g
Zitronensaft, Salz, Pfeffer
etwas (Reis-) Mehl
Fett zum Braten

Kohlrabi-Erdäpfelragout:
1 Stück Kohlrabi
ca. 2 Stück große, speckige Erdäpfel, roh und geschält
500ml Gemüsefond (S. 135) oder Wasser
100g Zwiebel, fein geschnitten
25g Butter
100ml Weißwein
50ml Noilly Prat
400ml Kochfond
80ml Obers
100g Sauerrahm
1 gestrichener EL (15g) Mehl, glatt
Salz, Pfeffer, Safranfäden
Cayennepfeffer, Muskatnuss
Zucker
Schnittlauch, geschnitten

Kohlrabi in Spalten schneiden und mit dem Tourniermesser zu „Tropfen" formen. Anschließend im Gemüsefond mit einigen Safranfäden bissfest kochen. In der Zwischenzeit Erdäpfel in 1cm große Würfel schneiden. Kohlrabi aus dem Fond mit einem Lochschöpfer heben und auf einem Blech auskühlen lassen. Die Erdäpfel ebenso bissfest kochen und auf das Blech legen.

Zwiebel in Butter anschwitzen, mit Weißwein und Noilly Prat ablöschen. Im Anschluss mit Kochfond und Obers auffüllen und etwas einkochen. Alles im Mixglas pürieren und durch ein feines Sieb wieder in den Topf gießen.
Noch einmal aufkochen lassen, etwas heiße Sauce, Sauerrahm und Mehl in den Mixbecher geben, pürieren und das „Rahmgmachtl" in die heiße Sauce leeren. Kochen lassen und mit Salz, Zucker, Pfeffer, Cayennepfeffer und Muskatnuss abschmecken. Vor dem Anrichten Kohlrüben und Erdäpfelwürfel wieder in der Sauce erwärmen und Schnittlauch beimengen.

In der Zwischenzeit Fischfilets mit Zitrone, Salz und Pfeffer würzen. Die Fischhaut mit etwas Mehl bestauben und in einer heißen Pfanne mit Fett auf der Hautseite knusprig braten. Kurz wenden und anschließend auf dem Kohlrabi-Erdäpfelragout anrichten.

Weinempfehlung:
Chardonnay Ried Steinberg 2015, Stefan Zehetbauer, Schützen am Gebirge

Lachs-Rolle

mit getrüffeltem Karfiolpüree

4 Portionen

Lachs-Rolle:
400g dünne Lachsfilet-Scheiben
200g Räucherlachs, geschnitten
evtl. frische Spinatblätter
Pfeffer, Pflanzenöl

Püree:
1 Karfiol
150g Zwiebel, fein geschnitten
50g Butter
ca. 150ml Gemüsefond (S. 135)
ca. 150ml Obers
Salz, Pfeffer, Trüffelöl
evtl. Trüffel, gehobelt

Weinempfehlung:
Roter Veltliner Steinberg 2019,
Weingut Fritz, Zaussenberg, Wagram

Karfiol waschen und samt Strunk zusammenschneiden. Zwiebel in Butter anschwitzen, Karfiol dazugeben und ohne Farbe mitschwitzen. Salzen, pfeffern, mit Fond und Obers aufgießen und auf kleiner Flamme köcheln lassen, bis der Karfiol weich ist – bei Bedarf noch etwas Fond und Obers beimengen. Mixen, durch ein Sieb pürieren und mit Trüffelöl abschmecken.
Pro Portion 100g Lachsscheiben auf je eine Frischhaltefolie legen (ca. 10×15cm). Anschließend leicht pfeffern, nach Belieben mit rohem Blattspinat belegen, die Räucherlachsscheiben darauflegen und mit der Folie vorsichtig zu einer kompakten Rolle formen.
Einen Teller im Backrohr bei 80°C vorwärmen. Die Lachsrollen aus der Folie wickeln und in einer Pfanne auf allen Seiten anbraten. Danach auf den warmen Teller legen, mit Öl beträufeln, mit Frischhaltefolie abdecken und ca. 10 Minuten im Rohr rasten lassen.
Zum Anrichten das Karfiolpüree auf Teller verteilen, Lachsrolle einmal durchschneiden und auf das Püree setzen. Zum Schluss die Trüffel darüber hobeln.

Seesaiblingsfilet

mit schwarzen Fenchel-Gnocchi

4 Portionen

Seesaiblingsfilet:
4 Seesaiblingfilets zu je 150g
Zitronensaft, Salz, Pfeffer
etwas (Reis-) Mehl
Fett zum Braten

Fenchel-Gnocchi:
2 Jungzwiebeln, geschnitten
1 große Fenchelknolle
2 große Paradeiser, geschält, entkernt und in Spalten geschnitten
Fett, Butter
Weißwein, Pernot
Dille (Kräuter), gehackt

Das Rezept für die schwarzen Gnocchi ist auf Seite 132 zu finden.

Fenchel, ohne Strunk, mit einer Aufschnittmaschine in dünne Streifen schneiden. Diesen mit Jungzwiebeln in Fett anschwitzen, mit Pernot und Weißwein ablöschen und etwa 3 Minuten dünsten lassen. Die Paradeisspalten und Kräuter dazugeben, salzen, pfeffern und mit Butter aufmontieren. Die gekochten Gnocchi beifügen und noch einmal durchschwenken.

Saiblingfilets mit Zitrone, Salz und Pfeffer würzen, Haut mit etwas Mehl bestauben und in einer heißen Pfanne mit Fett auf der Hautseite knusprig braten. Kurz wenden und anschließend mit den Fenchel-Gnocchi anrichten.

Weinempfehlung: *Grüner Veltliner Alte Rebe 2019, Martin Nigl, Senftenberg*

Zanderfilet
auf Paprikakraut

6 Portionen

Zanderfilet:
6 Zanderfilets zu je 150g
Zitronensaft
Salz, Pfeffer
(Reis-) Mehl
Fett zum Braten

Paprikakraut:
500g Sauerkraut
3 Paprika (rot, gelb, grün)
2 Zwiebeln
3 EL Öl
2 Knoblauchzehen,
in Scheiben geschnitten
125ml Weißwein
250ml Obers
250ml Gemüsefond (S. 135)
Salz, Pfeffer
Thymian, Kümmel
Chilisauce, Paprikapulver

Beilagentipp:
Zu diesem Gericht passen hervorragend Grammelknödel (S. 32) oder eine Blunzenterrine (S. 120).

Weinempfehlung:
Roter Veltliner Steinberg 2017, Weingut Fritz, Zaussenberg

Für das Paprikakraut die Paprika waschen, entkernen und in 3mm dicke Streifen schneiden. Die Zwiebeln in feine Ringe schneiden, mit Knoblauch und Paprikastreifen in heißem Öl anschwitzen. Danach mit Weißwein ablöschen und mit Fond und Obers aufgießen. Mit Thymian, Chilisauce, Paprikapulver, Kümmel, Salz und Pfeffer aus der Mühle würzen, das Sauerkraut dazugeben und ca. 10 Minuten kochen. Bei Bedarf noch etwas Fond nachgießen.

Die Zanderfilets mit Zitronensaft, Salz und Pfeffer würzen, mit etwas Mehl bestreuen und in einer heißen Pfanne in Fett auf der Hautseite knusprig braten, kurz wenden und auf dem Paprikakraut anrichten.

Norbert Steiner
Küchenchef
Wirtshaus & Catering

ASM

Entenbrust
auf Gewürzsauce

4 Portionen

Entenbrust:
4 Entenbrüste zu je ca. 160g
Salz, Pfeffer aus der Mühle
Fett zum Anbraten

Gewürzpaste:
6 EL Honig
4 EL Sojasauce
Sesamöl
1 EL frischer Ingwer, gehackt,
1 TL Knoblauch, gehackt
1 Chilischote,
in feine Ringe geschnitten
1 TL Curry
1 TL Kardamon, gemahlen
1 TL Kreuzkümmel, gemahlen
2 TL Marsala Gewürzmischung
2 TL Lebkuchengewürz

Gewürzsauce:
etwas Mehl zum Stauben
4 EL Gewürzpaste
4 EL Kalbsfond (S. 136)
oder Geflügelfond (S. 135)
4 EL Obers

Beilagentipp:
Als Beilage zur Entenbrust eignet sich hervorragend der Rahmpudding auf Seite 126.

Weinempfehlung:
Pannoterra 2015,
Weingut Salzl, Illmitz

Für die Gewürzpaste werden alle Zutaten vermischt und zu einer Paste verrührt.

Das Backrohr auf 180 °C Grad vorheizen. Anschließend die Entenbrüste mit Salz und Pfeffer würzen und diese in einer heißen Pfanne mit Fett auf beiden Seiten anbraten. Das Fleisch mit der Hautseite nach unten in eine Form legen, mit Alufolie abdecken und im vorgeheizten Rohr 5 Minuten rasten lassen.

Um die Gewürzsauce zu erhalten, den in der Pfanne entstandenen Bratenrückstand mit Mehl bestauben und mit Fond aufgießen, die Gewürzpaste beifügen und aufkochen lassen. Die Sauce vor dem Anrichten mit geschlagenem Obers vollenden.

Entenbrust in Scheiben schneiden und auf der Gewürzsauce anrichten.

Gefüllte Wachtel
im Kohlsprossennest

4 Portionen

Wachtel:
4 Wachteln, ausgelöst
4 Scheiben Toastbrot, entrindet und gewürfelt
40ml Obers
2 Eidotter
Petersilie, gehackt
4 Scheiben Hamburgerspeck
Salz, Pfeffer, Rosmarinzweige
Fett zum Braten

Kohlsprossennest:
4 Brickteigblätter oder
4 Frühlingsrollenteigblätter
trockene Bohnen
ca. 250g Kohlsprossen, in einzelne Blätter zerpflückt
1 kleine Zwiebel
40g Speckwürfel
60 ml Obers
Petersilie, gehackt
Salz, Pfeffer, Kümmel
evtl. Trüffelöl

Das Backrohr auf 180°C Umluft vorheizen. Die Brickteigblätter mit einer Schere ein wenig kleiner schneiden. Je ein Blatt in eine ausgefettete, flache, feuerfeste Schüssel geben und mit trockenen Bohnen anfüllen (Blindbacken). Die Formen ins Rohr geben und 10 Minuten backen. Danach überkühlen lassen und die Bohnen entfernen.
Währenddessen Toastbrotwürfel, Obers, Eidotter und Petersilie zusammenmischen und mit Salz und Pfeffer würzen.
Die Wachteln salzen, pfeffern und mit der Brotmasse füllen. Mit kleinen Spießen zusammenstecken und von allen Seiten anbraten, mit Rosmarinzweigen und Speckscheiben belegen und für ca. 10 Minuten ins Rohr geben. Anschließend bei 80°C mindestens 10 Minuten rasten lassen.
In der Zwischenzeit die Kohlsprossenblätter in Wasser mit Salz und Kümmel blanchieren und in Eiswasser abschrecken.
Die klein geschnittene Zwiebel in wenig Butter anschwitzen, die Speckwürfel dazugeben und mitschwitzen, im Anschluss mit Obers aufgießen. Die Kohlsprossenblätter dazugeben, aufkochen lassen und mit Salz, Pfeffer sowie eventuell Trüffelöl würzen.

Zum Anrichten die Brickteigschüsseln auf Teller verteilen und mit den Kohlsprossen füllen. Die Wachtel halbieren, daraufsetzen und mit je einer Speckscheibe belegen.

Weinempfehlung: *Grüner Veltliner Brunnthal 2019, Weingut Kolkmann, Fels am Wagram*

Blindbacken verhindert, dass der Teig beim Backen von der Füllung durchweicht wird. Somit wird vorerst der Teig durch Bohnen beschwert und ohne Fülle gebacken.

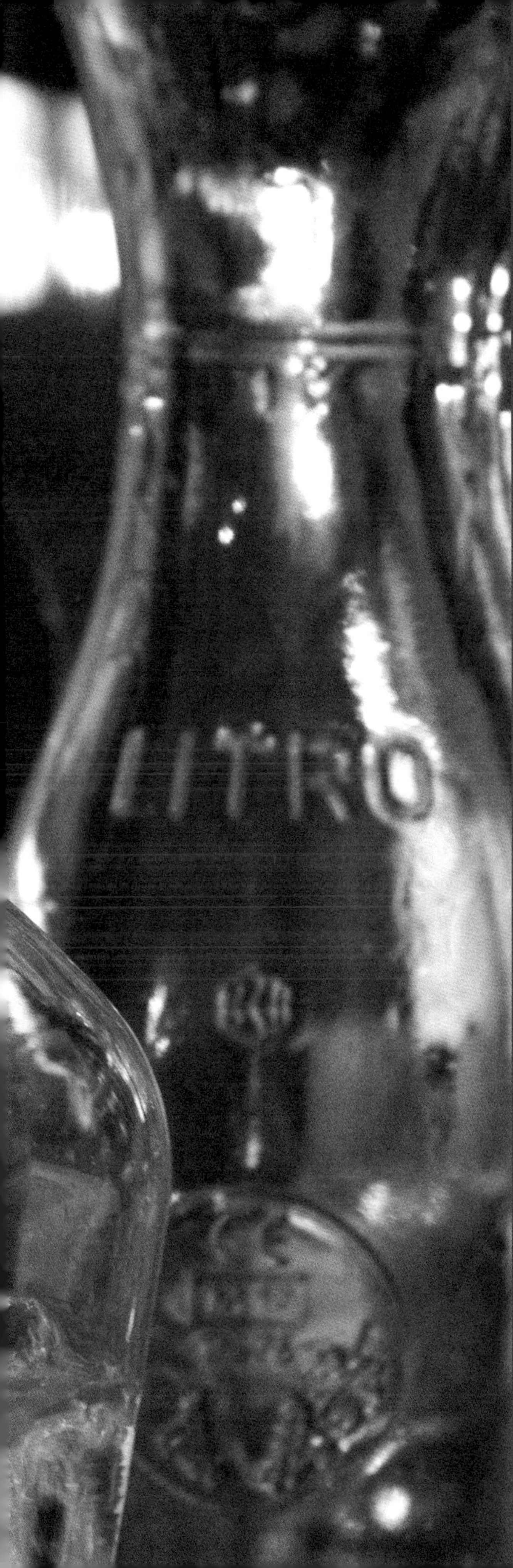

Mit dem hochwertigen Quellwasser, welches seit dem 13. Jahrhundert munter vor sich hin sprudelt und von höchster Qualität ist, unterstützen wir mit jeder verkaufter Karaffe die Behindertenhilfe Oberrohrbach.

Nudelteigrolle

vom Lamm

4 Portionen

Nudelteig (S. 131)
oder 8 Lasagneblätter

Bechamelsauce:
25g Butter
25g Mehl
1 Schalotte,
fein gehackt
300ml Milch
Salz, Pfeffer
Muskatnuss

Fülle:
600g Lammfleisch, faschiert
Olivenöl
1 Zwiebel, fein geschnitten
je ½ Paprika rot, grün, gelb,
in kleine Würfel geschnitten
100ml Weißwein
ca. 200ml Geflügelfond (S. 135)
oder Rindsuppe (S. 43)
Salz, Pfeffer
Curry, Chili
Wacholder, gestoßen
Petersilie, Basilikum, gehackt
Salbei, Knoblauch
Rosmarin- und Thymianzweige
etwas Suppe zum Aufgießen
ca. 250ml Obers
Butter für die Form
geriebener Parmesan zum Bestreuen

Beilagentipp:
Als Beilage empfehlen wir hier ganz klassisch einen Blattsalat mit guter Marinade.

Weinempfehlung:
Cabernet Franc 2016, Stefan Zehetbauer, Schützen am Gebirge

Für die Bechamelsauce wird aus den Schalotten und dem Mehl in Butter eine Einmach zubereitet und mit der Milch aufgegossen. Die Sauce aufkochen lassen, mit Salz, Pfeffer und Muskatnuss würzen und zur Seite stellen.

Für die Fülle wird in einem breiten Topf Öl erhitzt. Zwiebel und Paprikawürfel anschwitzen, Faschiertes beifügen und anrösten. Anschließend mit Weißwein und Suppe ablöschen und köcheln lassen, bis die meiste Flüssigkeit verdunstet ist. Mit Salz, Pfeffer, Thymian, Wacholder, Knoblauch und Curry würzen. Die Kräuter dazugeben und abschmecken.

Mit einer Nudelteigmaschine den Teig nicht zu dünn ausrollen und in 10×12cm große Teigblätter schneiden. Diese in Salzwasser kurz kochen, in kaltem Wasser abschrecken und mit einem Küchenpapier trocken tupfen.

Das Backrohr auf 200°C (Heißluft 180°C) vorheizen.
Die Teigblätter mit der Bechamelsauce bestreichen, die Fülle zwei Finger dick daraufsetzen und vorsichtig zusammenrollen. Die Rollen in eine ausgebutterte Form oder ein tiefes Blech legen. Obers und etwas Fond mit Salz und Pfeffer abschmecken und über die Nudelteigrollen gießen. Mit wenig Parmesan bestreuen und ca. 15 Minuten im Rohr backen, bis die Nudelteigrollen goldgelb sind.

Kalbslungenbraten auf Blattspinat

mit Pignoli-Rosmarin-Pesto

5 Portionen

Kalbslungenbraten:
1 Kalbsfilet mit ca. 1 kg, zugeputzt
Salz, Pfeffer
Rosmarinzweige
250 ml Kalbsfond (S. 136)
oder Gemüsefond S. 135
Butter zum Montieren
Fett zum Braten

Spinat:
500 g Blattspinat,
ohne Stiele und gewaschen
1 kleine Zwiebel, fein geschnitten
2 EL Butter
125 ml Gemüsefond (S. 135)
Salz, Pfeffer, Muskatnuss

Pesto:
1 Bund Rosmarin
Fett zum Frittieren
1 Knoblauchzehe
100 g Pinienkerne, geröstet
1 EL Olivenöl
2 EL Parmesan, gerieben

Das Backrohr auf 180 °C vorheizen. Das Kalbsfilet salzen, pfeffern und in einer heißen Pfanne in Butterschmalz auf beiden Seiten scharf anbraten. Rosmarinzweige und etwas Butter daraufgeben und für ca. 12 Minuten ins Rohr stellen. Anschließend das Filet aus dem Backrohr nehmen, mit Alufolie abdecken und einige Minuten rasten lassen.
Den Bratensatz mit wenig Mehl stauben, mit Fond aufgießen und auf ein Drittel einkochen lassen. Danach durch ein Sieb seihen und vor dem Anrichten mit Butter montieren.

Währenddessen den Rosmarin für das Pesto abzupfen.
Eine Pfanne mit Öl erhitzen, Rosmarin darin knusprig frittieren – Achtung, geht sehr schnell. Den Rosmarin in ein Sieb leeren und gut abtropfen lassen. Knoblauch schälen und fein hacken. Mit frittiertem Rosmarin, den Pinienkernen und einem Esslöffel Olivenöl vermischen. Zum Schluss den geriebenen Parmesan einrühren.

Für den Spinat in einem großen Topf Zwiebel in Butter anschwitzen, mit Fond aufgießen und mit Salz, Pfeffer und Muskatnuss würzen. Vor dem Anrichten Spinat beifügen, zudecken und kurz aufkochen lassen. Vorsicht, beim Anrichten, nicht zu viel Flüssigkeit auf den Teller bringen.

Zum Anrichten den Spinat in der Tellermitte platzieren, das aufgeschnittene Kalbsfilet darauf setzen, den Bratensaft rundherum ziehen und mit Pesto vollenden.

Weinempfehlung:
Neuburger 1000 Eimer Berg Smaragd 2017, Franz Josef Gritsch, Spitz, Wachau

Pignolien, auch bekannt als Pinienkerne, finden sich vor allem in der mediterranen Küche wieder und werden gerne als Grundlage für Pesto verwendet.

Kalbsrückenschnitte

mit Grünspargelnudeln

4 Portionen

Kalbsrückenschnitte:
4 Kalbsrückensteaks zu je 180g
Salz, Pfeffer aus der Mühle
Rosmarinzweig
Fett zum Braten

Grünspargelnudeln:
8 Stangen Grüner Spargel
Kerbel
etwas Obers
Butter
Salz, Pfeffer

Sauce:
40g Morcheln, getrocknet
300ml Kalbsfond (S. 136)
200ml Obers
20g Butter
30g Schalotten
80ml Madeira
40ml Cognac
Salz, Pfeffer
evtl. Trüffelöl

Das Rezept für den Nudelteig ist auf Seite 131 zu finden.

Für die Sauce die bereits eingeweichten Morcheln gut waschen. Fein geschnittene Schalotten in Butter anschwitzen, Morcheln ohne Wasser beigeben, mitschwitzen und mit Cognac und Madeira ablöschen. Anschließend mit Fond aufgießen, aufkochen lassen und das Obers untermengen. Die Sauce ohne Deckel reduzieren lassen und würzen.

Die Steaks salzen, pfeffern und mit dem Rosmarin auf jeder Seite ca. 2 Minuten in Fett braten. Danach bei 80°C im Rohr mindestens 10 Minuten rasten lassen.

Währenddessen die Nudeln in Salzwasser kochen. Den Grünspargel putzen und mit einem Sparschäler in lange dünne Streifen schneiden. Diese in Butter kurz anschwitzen, mit etwas Obers und Nudelkochwasser aufgießen, würzen und aufkochen lassen. Die Nudeln beifügen und mit gezupften Kerbelblättern abschmecken.

Vorbereitung:
Die Morcheln einige Stunden vor dem Verarbeiten in lauwarmen Wasser einweichen.

Weinempfehlung:
Sauvignon Blanc Czamillonberg 2017, Stefan Potzinger, Gabersdorf

Gekochtes Rindfleisch

auf Zwiebelsauce

ca. 8 Portionen

ca. 3kg Rindfleisch
(Tafelspitz, Schulterscherzl, ...)
300g gemischtes Suppengemüse
(Sellerie, gelbe Rüben, Karotten, Petersilwurzeln)
200g Zwiebel, mit Schale
½ Stange Lauch
Salz, Liebstöckel
15 Pfefferkörner
6 Pimentkörner, ganz
10 Wacholderbeeren
5 Lorbeerblätter
Muskatnuss
ca. 4l Wasser
1kg Rindsknochen (evtl. Markknochen)
Schnittlauch zum Bestreuen

Die Zwiebeln halbieren und in einer Pfanne mit der Schnittstelle nach unten sehr dunkel anbraten. Fleisch und Knochen waschen, Wasser in einem hohen Topf mit den Knochen zum Kochen bringen. Danach Rindfleisch und etwas Salz beifügen und schwach wallend kochen. Nach einer halben Sunde den Schaum abschöpfen, Gewürze hinzugeben und weiter köcheln lassen. Immer wieder den Schaum abschöpfen. In der Zwischenzeit das Wurzelwerk schälen und ca. 30 Minuten vor Garende beifügen. Das Rindfleisch nach einer gesamten Kochzeit von ca. 2–3 Stunden, mit einer Fleischgabel anstechen – „Fleisch soll leicht von der Gabel rutschen"– bei Bedarf noch weiterkochen.
Fleisch und Gemüse aus der Suppe nehmen. Das Rindfleisch aufschneiden, mit geschnittenem Schnittlauch bestreuen und servieren.

Tipp:
Wenn das Fleisch nicht gleich auf den Tisch kommt, dieses nicht aufschneiden sondern noch heiß in Frischhaltefolie einwickeln, damit es nicht austrocknet. Zum Aufwärmen das Fleisch aufschneiden und vorsichtig in der Rindsuppe erwärmen.

Zwiebelsauce

8 Portionen

150 ml Öl
150 g Kristallzucker
1 kg Zwiebeln,
geschält, grob geschnitten
120 g Mehl, glatt
1 l Rindsuppe (S. 43)
20 ml Tafelessig 10 %
2 Knoblauchzehen,
in Scheiben geschnitten
40 g Sojasauce
25 g Balsamico
Salz, Pfeffer, Cayennepfeffer

Öl erhitzen, Kristallzucker darin karamellisieren, dann den Zwiebel beifügen und mitschwitzen.
Knoblauchscheiben dazugeben und mit Mehl stauben.
Solange umrühren bis sich das Mehl braun färbt. Anschließend mit Rindsuppe und Essig aufgießen und alles kräftig aufkochen lassen.
Sojasauce und Balsamico hinzufügen und mit Salz, Pfeffer und Cayennepfeffer würzen.
Die Sauce im Mixbecher passieren, durch ein Sieb seihen, noch einmal aufkochen und abschmecken.

Beilagentipp:
Hierzu empfehlen wir unsere Erdäpfelknödel auf Seite 123.

Weinempfehlung:
Viognier „V" 2015, Graf Hardegg, Seefeld-Kadolz

Das Gasthaus zum „Goldenen Bründl“ spielt seit vielen Jahren in der obersten Liga der heimischen Wirtshaus-Szene mit und wurde bereits mehrfach ausgezeichnet. So gewannen Regine und Gerhard Knobl 2008 mit ihrem Lokal die Wahl zum TOP-Wirt-Sieger des Jahres. 2009 wurde das Goldene Bründl, dank Küchenchef Norbert Steiner, mit der ersten und 2019 mit der zweiten Gault Millau-Haube geehrt.

Kavalierspitz
in Rotwein geschmort

4 Portionen

ca. 1 kg Kavalierspitz
2 Zwiebeln,
geschält und gewürfelt
1 Knoblauchzehe
2 Thymianzweige
2 Rosmarinzweige
4 Lorbeerblätter
5 Wacholderbeeren
Salz, Pfeffer
Majoran, Kümmel
500 ml Rotwein
2 l Rindsuppe
oder Fond (S. 43)
150 g Karotten,
geschält und gewürfelt
100 g gelbe Rüben,
geschält und gewürfelt
150 g Sellerie,
geschält und gewürfelt
evtl. Maizena zum Binden
Fett zum Anbraten

Fleisch salzen, pfeffern und in einem passenden Topf auf allen Seiten in heißem Fett goldgelb anbraten. Den Kavalierspitz aus dem Topf nehmen und zur Seite stellen.

Für die Sauce Zwiebelwürfel im Topf goldgelb anrösten, anschließend mit Rotwein und Suppe aufgießen. Die Gewürze und Kräuter hinzugeben und etwa eine halbe Stunde kochen lassen. Die Sauce mixen und durch ein Sieb wieder in den Topf passieren. Noch einmal aufkochen, den Kavalierspitz dazugeben und ca. 1,5 Stunden weichdünsten lassen, zwischendurch gelegentlich umrühren. 10 Minuten vor Garende die Gemüsewürfel beifügen. Bei Bedarf die Sauce mit Maizena binden und noch einmal abschmecken.
Den Kavalierspitz vor dem Servieren in Scheiben schneiden und mit der Rotweinsauce nappieren.

Tipp:
Als Alternative zum Kavalierspitz eignen sich auch andere Teile des Rindes, beispielsweise das Schulterscherzel.

Beilagentipp:
Hierzu empfehlen wir unser Erdäpfelpüree auf Seite 122.

Weinempfehlung:
Schützener Stein 2015,
Georg Prieler, Schützen am Gebirge

Schweinskarree
mit zweierlei Kürbis

8 Portionen

Karree:
1,6 kg Schweinskarree ohne Schwarte
Salz, Pfeffer, Knoblauch, Kümmel
Schmalz zum Braten

Kürbisnockerl:
700 g Kürbis (Hokkaido), entkernt und geschält
400 g Erdäpfel, mehlig und geschält
4 Dotter
400 g Mehl, glatt
Salz, Pfeffer, Muskatnuss
braune Butter mit Salbei
Parmesan zum Bestreuen

Kürbisgemüse:
800 g Butternusskürbis, geschält und entkernt
3 Karotten, geschält
2 gelbe Rüben, geschält
¼ Sellerieknolle, geschält
125 ml Weißwein
250 ml Obers
250 ml Gemüsefond (S. 135) oder Suppe (S. 43)
2 Zwiebeln
3 EL Olivenöl
2 Knoblauchzehen, in Scheiben geschnitten
Salz, Pfeffer aus der Mühle
Rosmarin, Thymian
Kümmel, Paprikapulver
Chilisauce
1 EL Dille, gehackt

Das Backrohr auf 180 °C vorheizen. Karree mit Salz, Pfeffer, Knoblauch und Kümmel würzen. In einer Bratpfanne mit heißem Schmalz auf allen Seiten goldgelb anbraten und samt Pfanne ins Rohr stellen. Nach 30–40 Minuten den Ofen abdrehen und den Braten darin noch ein wenig rasten lassen.

Für die Herstellung der Nockerl den Kürbis in grobe Würfel schneiden, kochen und ausdampfen lassen. Erdäpfel kochen und ebenfalls ausdampfen lassen. Beides durch die Erdäpfelpresse drücken und mit Dotter, Mehl und Gewürzen zu einem Teig kneten. Aus dem Teig rasch 1,5 cm dicke Stränge formen und diese in 1,5 cm lange Stücke schneiden. Die Nockerl vor dem Anrichten in siedendes Salzwasser einlegen und kochen, bis diese an der Oberfläche schwimmen.

Für das Kürbisgemüse die Zwiebeln in feine Ringe schneiden und mit dem Knoblauch in heißem Olivenöl anschwitzen. Anschließend mit Weißwein ablöschen und mit Suppe und Obers aufgießen. Die Sauce mit Rosmarin, Thymian, Chilisauce, Paprikapulver, Kümmel, Salz und Pfeffer würzen und auf die Hälfte reduzieren.
In der Zwischenzeit den Kürbis und das Wurzelgemüse in dünne Streifen schneiden oder mit einem groben Röstireißer zerkleinern.
Kürbis und Gemüse in die Sauce geben, aufkochen lassen und abschmecken. Zum Abschluss die Dille hinzufügen.

Vor dem Anrichten das Schweinskarree in Scheiben schneiden und auf das Kürbisgemüse setzen. Die Kürbisnockerl mit brauner Butter beträufeln und frisch gehobelten Parmesan bestreuen.

Schweinsbraten
vom Schopf

ca. 6–8 Portionen

ca. 2,5–3kg Schopfbraten,
ohne Knochen mit Schwarte
Salz, Pfeffer, Kümmel
15 Zehen Knoblauch, zerdrückt
4 Zwiebeln, geschält
und in Spalten geschnitten

Tipp:
Das Fleisch am besten beim Fleischhauer vorbestellen

Vorbereitung am Vortag:
Die Schwarte mit einem scharfen Messer alle 5mm in Rautenform einschneiden. Danach mit Salz, Pfeffer, Kümmel und Knoblauch einreiben und kalt stellen.

Das Backrohr auf 180 °C Heißluft vorheizen. In eine Bratpfanne oder tiefes Blech fingerhoch Wasser gießen und den Schopf mit der Schwarte nach unten für eine halbe Stunde ins Rohr stellen.
Anschließend das Fleisch mit der Schwarte nach oben drehen und für weitere 2–3 Stunden braten.

Für den charakteristischen Bratensaft, die in der Bratpfanne entstandene Flüssigkeit im Rohr stark reduzieren beziehungsweise „fast anbrennen lassen" und anschließend mit etwa einem Liter Wasser aufgießen. Den Braten gelegentlich kontrollieren und bei Bedarf noch Wasser hinzugeben.
Die Zwiebelspalten ca. eine halbe Stunde vor Garende beifügen und mitbraten.

Getränkeempfehlung:
Zwettler Zwickl

Den Schweinsbraten aus dem Ofen nehmen, aufschneiden und anschließend mit Saft übergießen. Als Beilage empfehlen wir Knödel (S. 123) und Kraut.

Der Kümmel zählt zu den ältesten Gewürzen und wird gerne zum Würzen in schwer verdaulichen Speisen verwendet.

Fasanenbrust im Speckmantel

auf bunten Gemüselinsen

4 Portionen

Fasanbrust:
400g Fasanenbrustfilets
Salz, Pfeffer
Thymian
Wacholder, gestoßen
dünne Scheiben Hamburger-speck zum Einwickeln
Fett zum Braten

Gemüselinsen:
60g rote Linsen
60g Belugalinsen
60g grüne Berglinsen
30g Speck, gewürfelt
1 Zwiebel, gewürfelt
150g Karotten, geschält und gewürfelt
150g gelbe Rüben, geschält und gewürfelt
150g Sellerie, geschält und gewürfelt
Knoblauch, fein gehackt
etwas Gemüsefond (S. 135) oder Suppe (S. 43)
Salz, Pfeffer, Majoran
Bohnenkraut, Essig
Thymian, Lorbeerblätter
Petersilie, gehackt
Ketchup, Sojasauce
Pflanzenöl

Vorbereitung:
Die Linsensorten vorher separat einige Stunden in Wasser einweichen.

Beilagentipp:
Zu diesem Gericht passt hervorragend eine knusprige Knödelrolle. Das Rezept ist auf Seite 125 zu finden.

Weinempfehlung:
Versuchung 2015, Weingut Krug, Gumpoldskirchen

Grüne Linsen und Belugalinsen getrennt im Einweichwasser mit etwas Bohnenkraut und Lorbeerblatt nicht zu weich kochen. Speck, Zwiebel, Knoblauch und Gemüsewürfel in wenig Öl anschwitzen, mit Gemüsefond ablöschen und die eingeweichten roten Linsen dazugeben. Anschließend die restlichen, bereits gekochten Linsen hinzufügen. Mit den Gewürzen abschmecken und einmal gut aufkochen lassen, vor dem Anrichten die gehackte Petersilie beifügen.
Die Fasanenbrüste mit Salz, Pfeffer, Thymian und Wacholder würzen. Speckscheiben leicht überlappend auflegen, die Fasanenbrust darin einwickeln und auf allen Seiten in wenig Fett anbraten. Anschließend 10 Minuten bei 80 °C im Rohr rasten lassen.
Linsen in Teller anrichten, Fasanenbrüste in Scheiben schneiden und auf die Linsen setzen.

Wildenten- oder Fasanenhaxen

geschmort

4 Portionen

4 Wildenten- oder Fasanenkarkassen, grob gehackt
8 Wildenten- oder Fasanenhaxen
60 ml Öl
300 g Karotten
200 g Zwiebeln, fein geschnitten
100 g Sellerie
100 g Petersilienwurzel
1 Apfel, grob geschnitten
1 EL Paradeismark
Salz, Pfeffer
2 Lorbeerblätter
ca. 20 Pfefferkörner
5 Pimentkörner
2 Thymianzweige
ca. 20 Wacholderbeeren
1 EL Majoran
500 ml Rotwein
Fond oder Wasser (S. 135)
Preiselbeerkompott
evtl. Mehl, griffig

Tipp:
Wenn man nur den Saft benötigt die Haxen einfach weglassen.

Tipp:
Bei der Zubereitung eines Fasanhaxen nach dem Dünsten die Sehnen mit einer Zange entfernen.

Beilagentipp:
Zu diesem Rezept passt hervorragend der knusprige Erdäpfelspitz auf Seite 123

Weinempfehlung:
Cuvée „Equinox 365" 2018, Weingut Josef & Maria Reumann, Deutschkreuz

Karotten, Zwiebel, Sellerie und Petersilienwurzel in ungefähr 1 cm große Würfel schneiden. Die Geflügelhaxen mit Salz und Pfeffer würzen, in einem Topf mit Öl auf allen Seiten goldgelb anbraten, herausnehmen und zur Seite stellen. Das Wurzelgemüse waschen, schälen und in Würfel schneiden. Nun die Karkassen goldgelb anbraten, das Wurzelgemüse hinzugeben und weiter anrösten. Nach ca. 5 Minuten die Zwiebeln und den Apfel beifügen und anrösten, bis diese Farbe nehmen. Paradeismark untermengen und ebenfalls anrösten bis, es braun wird. Nun mit Rotwein ablöschen, mit kalter Suppe oder kaltem Wasser aufgießen, bis die Knochen bedeckt sind. Die Gewürze hinzufügen, aufkochen lassen und die Haxen dazugeben. Alles ca. 1,5 Stunden zugedeckt köcheln lassen, bis das Fleisch weich ist. Haxen herausnehmen und warm stellen. Saft durch ein feines Sieb seihen. Den Fond etwas einkochen lassen, danach das Preiselbeerkompott beimengen und eventuell mit Mehl binden. Die Sauce noch einmal durch ein Sieb seihen und die Haxen darin einlegen. Den Fasan oder die Wildente mit der Sauce anrichten und servieren.

Feldhasenrücken
mit Mohn-Lauch-Gnocchi

4 Portionen

Gnocchi:
500g Erdäpfel, mehlig
125g Mehl
25g Hartweizengrieß
1 EL Mohn, gemahlen
1 Dotte
Salz

Für die Gnocchi die Erdäpfel kochen, schälen, durch die Erdäpfelpresse drücken und mit den weiteren Zutaten zu einem Teig kneten. Gnocchi formen und kurz vor dem Anrichten in kochendem Salzwasser pochieren, bis sie an der Oberfläche schwimmen.

Sauce:
½ Stange Lauch
150g Obers
Noilly Prat
Mohnöl
5 Wacholderbeeren
Salz, Pfeffer aus der Mühle
Liebstöckel
gemahlener Mohn zum Bestreuen
Fett zum Braten

Lauch in Streifen schneiden, in einem Sieb waschen und gut abtropfen lassen. Die Lauchstreifen in Mohnöl ohne Farbe anschwitzen, mit Noilly Prat und Obers ablöschen und kurz aufkochen. Anschließend mit Liebstöckel, Mohn, Salz und Pfeffer abschmecken. Die frisch gekochten Gnocchi dazugeben und gut durchschwenken.

Hasenrücken:
500g Hasenfilets, ohne Knochen und Sehnen
100ml Wildjus (S. 137)
100ml Portwein
Mehl zum Stauben
Salz, Pfeffer aus der Mühle
Rosmarin- und Thymianzweige
Butter zum Montieren

Die Hasenfilets mit Salz und Pfeffer würzen, in Fett mit Wacholder, Rosmarin- und Thymianzweigen rundherum anbraten und anschließend im vorgeheizten Backrohr bei 100°C ca. 10 Minuten rasten lassen.
Den Bratenrückstand in der Pfanne mit wenig Mehl stauben, mit Portwein und Wildfjus aufgießen und einkochen lassen. Durch ein Sieb seihen und mit kalten Butterflocken aufmontieren.

Zum Anrichten die Mohn-Lauch-Gnocchi auf Teller verteilen. Den Hasenrücken in fingerdicke Scheiben schneiden und ebenfalls auf den Tellern platzieren, zu guter Letzt mit der Sauce nappieren.

Weinempfehlung:
Blaufränkisch Dürrau 2015, Paul Kerschbaum, Horitschon

Geschmorter Hirsch

4 Portionen

1,2kg Hirschschulter oder -schlögel, ausgelöst
2 Zwiebeln, geschält und grob gewürfelt
100g Karotten, geschält und gewürfelt
100g gelbe Rüben, geschält und gewürfelt
100g Sellerie, geschält und gewürfelt
2 Thymianzweige
4 Lorbeerblätter
15 Wacholderbeeren
Pfeffer
500ml Rotwein
1 TL Tomatenmark
2l Gemüsefond (S. 135)
oder Suppe (S. 43)
2 EL Preiselbeeren
125ml Sauerrahm
1 EL Mehl
Senf
Fett zum Anbraten

Beilagentipp:
Zu diesem Gericht passt hervorragend die knusprige Knödelrolle (S. 125) oder die Erdäpfelknödel (S. 123).

Tipp:
Als Alternative zum Hirschfleisch eignet sich auch Reh oder Wildschwein

Weinempfehlung:
Sankt Laurent Ried Frauenfeld 2012, Weingut Reinisch, Tattendorf

Den Hirsch mit Salz und Pfeffer würzen und in einem Bräter oder Topf in heißem Fett auf allen Seiten scharf anbraten. Das Fleisch herausnehmen, Gemüse zugeben und kurz anrösten. Das Tomatenmark beifügen, mitrösten und anschließend mit Rotwein ablöschen. Suppe, Preiselbeeren und Gewürze hinzugeben und aufkochen lassen. Das Fleisch wieder in den Topf legen und zugedeckt am Herd oder im Backrohr bei 160 °C ca. 2,5 Stunden dünsten lassen.
Wenn das Fleisch weich ist, dieses herausnehmen, in Frischhaltefolie einwickeln und warm stellen.

Die Sauce mixen, passieren und aufkochen. Sauerrahm mit Mehl glattrühren und ca. zwei Esslöffel der heißen Sauce beigeben, noch einmal verrühren und anschließend mit dem „Rahm-Gmachtl" die kochende Sauce abbinden und mit Senf abschmecken. Das Fleisch in fingerdicke Scheiben schneiden, mit der Sauce übergießen und servieren.

Gespickter Rehschlögel

rosa gebraten

4 Portionen

700 g Rehschlögel (Schale, Nuss),
zugeputzt und „zerteilt"
grüner Speck, in Streifen
Thymian
Wacholder, gestoßen
Salz, Pfeffer
Fett zum Braten
250 ml Wildjus (S. 137)
evtl. Preiselbeeren
Butterflocken zum Montieren

Das Backrohr auf 200 °C vorheizen. Mit einer Spicknadel den Rehschlögel „mit der Faser" spicken. Dafür einen Speckstreifen in die Spicknadel klemmen und in Richtung der Fleischfaser durch den Schlögel ziehen. Das Fleisch im Anschluss mit Salz, Pfeffer, Wacholder und Thymian würzen und in einer heißen Pfanne mit etwas Fett auf allen Seiten anbraten. Anschließend das Reh samt Pfanne für ca. 10 Minuten ins Rohr stellen und danach bei 80 °C rasten lassen oder in Alufolie einwickeln.
Den Bratensatz mit dem Wildjus ablöschen, nach Geschmack Preiselbeeren beifügen und mit ein paar kalten Butterflocken aufmontieren.
Zum Anrichten etwas Saft auf vorgeheizte Teller geben und die aufgeschnittenen Rehschlögel daraufsetzen.

Beilagentipp:
Zu dieser Speise empfehlen wir die Frittatenscheiben (S. 125), den knusprige Erdäpfelspitz (S. 123) oder die Schupfnudeln (S. 122)

Weinempfehlung:
Zweigelt Steinäcker 2018, Weingut Artner, Höflein

Das Spicken verhindert das Austrocknen des Fleisches und verleiht diesem zusätzliche Aromen. Hierfür eignet sich vorallem frischer („grüner“) Speck.

Blunzen-Erdäpfel-Terrine

1 Terrinenform

750g Blutwurst
750g Erdäpfel, mehlig,
roh und geschält
Salz, Majoran
griffiges Mehl zum Wenden
Öl oder Schmalz zum Braten
Kren zum Bestreuen
Frischhaltefolie für die Terrinenform

Blutwurst in Würfel schneiden, in einem Topf langsam zergehen lassen und mit Salz und Majoran nachwürzen. Erdäpfel in ca. 3mm dicke Scheiben schneiden. Terrinenform mit Frischhaltefolie auslegen. Die Erdäpfelscheiben zuschneiden und als erste Schicht in die Form legen. Anschließend mit einem Esslöffel ein Schicht Blunzenmasse darauf streichen. Dies so lange wiederholen, bis die Form gefüllt ist. Dabei ist zu beachten, dass die oberste Schicht aus Erdäpfeln besteht. Die Terrinenform mit der Folie verschließen und bei 100°C und 100% Feuchtigkeit im Dampfgarer für 1 Stunde pochieren.

Im Anschluss die Blunzen-Erdäpfel-Terrine einige Stunden in den Kühlschrank stellen. Danach aus der Form stürzen, in fingerdicke Scheiben schneiden, in Mehl wenden und in einer Pfanne mit etwas Fett auf beiden Seiten anbraten. Vor dem Servieren mit frisch geriebenem Kren bestreuen.

Weinempfehlung:
Grüner Veltliner Mitanaund 2019, Elisabeth Hausgnost, Guntersdorf

Serviettenknödel

4 Portionen

250g Semmelwürfel
3 Eidotter
3 Eiklar
300ml Milch
80g Butter
Salz
Petersilie, gehackt

Milch mit Butter erhitzen und über die Semmelwürfel gießen. Anschließend durchrühren und ca. eine halbe Stunde rasten lassen. Währenddessen die Eiklar mit etwas Salz zu Schnee schlagen. Eidotter zur Semmelmasse geben und den Eischnee unterheben. Zuletzt noch die gehackte Petersilie hinzufügen.
Aus der Knödelmasse eine ca. 6cm dicke Rolle formen und in einer breiten Frischhaltefolie straff einrollen. Die Enden mit Bindfaden verschließen.
Die Knödelrolle in leicht wallendem und reichlich gesalzenen Wasser zugedeckt 40 Minuten lang kochen oder im Dampfbackofen bei 100°C 35 Minuten dämpfen.
Die Serviettenknödel noch heiß in Scheiben schneiden und servieren.

Erdäpfelpüree

4 Beilagenportionen

800g Erdäpfel, mehlig,
roh und geschält
200ml Milch
100g Butter
Salz, Muskatnuss

Tipp:
Milch, Butter und Erdäpfel immer heiß verarbeiten, nicht zu viel umrühren, sonst wird das Püree durch die Erdäpfelstärke „zäh wie Kleister".

Erdäpfel vierteln und in Salzwasser zugedeckt nicht zu weich kochen. Erdäpfel abseihen und heiß durch die Erdäpfelpresse passieren.
Milch und Butter aufkochen und zu den heißen, passierten Erdäpfel gießen, kurz durchrühren und zum Schluss mit Salz und Muskatnuss abschmecken.

Schupfnudeln

4 Beilagenportionen

500g Erdäpfel, mehlig
60g Grieß
1 Dotter
40g Mehl
Salz
1 TL Erdäpfelstärke

Erdäpfel in der Schale kochen und bei 150 °C im Rohr ausdampfen lassen. Die warmen Erdäpfel schälen, durchpressen und mit Grieß, Dotter, Mehl, Salz und Stärke zu einem glatten Teig verkneten und 5 Minuten rasten lassen.

Arbeitsfläche und Hände mit Stärke oder Mehl stauben, aus dem Teig dicke Rollen formen, kleine Portionen abteilen und zu Schupfnudeln formen.

Die Schupfnudeln in reichlich Salzwasser bei schwacher Hitze ca. 4 Minuten kochen.

Erdäpfelknödel

„gummig"

ca. 14 Stück

1 kg Erdäpfel, mehlig, gekocht und geschält
200 g Erdäpfelmehl
70 g Weizengrieß
Salz, Muskatnuss

Tipp:
Die rohen Knödel halten ohne Probleme bis zu zwei Tage im Kühlschrank.

Mit der Schale gekochte Erdäpfel noch heiß durch die Erdäpfelpresse drücken, abwiegen und sofort mit den übrigen Zutaten vermischen und zu Knödeln formen.
Kurz vor dem Anrichten in leicht gesalzenem Wasser kochen, bis die Knödel an der Oberfläche schwimmen.

Eine Portion entspricht 2 Knödeln mit je 90–100 g.

Knuspriger Erdäpfelspitz

4 Portionen

600 g Erdäpfel, mehlig, roh und geschält
2 Eidotter
2 EL Mascarpone
Salz, Muskatnuss
evtl. Trüffelöl
4 Blätter Brickteig oder Frühlingsrollenteig
Ei zum Bestreichen
Fett zum Frittieren

Erdäpfel vierteln und in Salzwasser kernig kochen, abseihen und anschließend ohne Wasser auf einem Backblech verteilen. Die Erdäpfel im heißen Backrohr mindestens 10 Minuten ausdampfen lassen. Danach durch eine Erdäpfelpresse passieren, mit den Eidottern und der Mascarpone vermischen. Die Erdäpfelmasse mit Gewürzen und Trüffelöl abschmecken und zu vier Stangen mit ca. 10 cm Länge formen.
Den Brickteig mit versprudeltem Ei bestreichen und je eine Erdäpfelstange in das Teigblatt einschlagen. Diese anschließend in heißem Fett frittieren.
Vor dem Anrichten beide Enden mit einem Sägemesser abschneiden, die Stange schräg halbieren und auf einen Teller stellen.

Goldenes Bründl
Wirtshaus & Catering

Frittatenscheiben

1 Stange
ergibt ca. 6 Beilagenportionen

Teig:
500 ml Milch
250 g Mehl, glatt
4 Eier
Salz

Abtrieb:
120 g Butter
6 Dotter
6 Eiklar
Salz, Pfeffer

Die Zutaten für den Teig zusammenrühren und in einer Pfanne Palatschinken zubereiten und diese zu Fritatten schneiden. Die Eiklar zu Schnee schlagen. Anschließend Butter und Dotter schaumig rühren, zu den Frittaten mischen und den Schnee unterheben. Die Masse mit Salz und Pfeffer würzen, eine ca. 6 cm dicke Rolle formen und in einer Frischhaltefolie straff einrollen. Die Enden mit Bindfaden verschließen.

Die Fritattenrolle in leicht wallendem Salzwasser zugedeckt 30 Minuten lang kochen oder im Dampfbackofen bei 100 °C 25 Minuten dämpfen. Die Rollen in Scheiben schneiden und anbraten.

Knusprige Knödelrolle

4 Stangen

12 Scheiben Toastbrot, entrindet und gewürfelt
ca. 120 ml Obers
6 Eidotter
Petersilie, gehackt
Salz, Pfeffer
evtl. Trüffelöl
4 Blätter Brickteig oder Frühlingsrollenteig
versprudeltes Ei zum Bestreichen
Fett zum Backen

Toastbrotwürfel, Obers, Eidotter und Petersilie zusammenmischen und mit Salz, Pfeffer und nach Geschmack mit Trüffelöl abschmecken. Die Masse etwas ziehen lassen.

Anschließend die Teigblätter mit Ei bestreichen, die Fülle daraufsetzen und fest zu einer Rolle formen. Die Knödelrollen vor dem Anrichten in heißem Fett bei ca. 180 °C schwimmend goldgelb frittieren.

Polenta-„Royal“

1 Blech

1,5 l Milch
250 g Butter
300 g Polenta
8 Eier
Salz, Muskatnuss
evtl. getrocknete Tomaten und
Oliven, gewürfelt
frische Kräuter
Cornflakes fein gerieben
Fett zum Braten

Milch und Butter aufkochen, Salz und Muskatnuss beifügen. Die Polenta mit dem Schneebesen in die kochende Flüssigkeit einrühren, nochmal aufkochen und überkühlen lassen. Anschließend die versprudelten Eier und nach Belieben Tomaten, Oliven und Kräuter einrühren. Die Polenta auf ein mit Frischhaltefolie ausgelegtes Blech streichen, mit Folie abdecken und im Dampfgarer bei 100 °C 20 Minuten garen. Danach die Polenta kalt stellen und in Stücke schneiden.

Vor dem Anrichten die Polentawürfel in „Cornflakes-Mehl“ wenden und in heißem Fett in einer beschichteten Pfanne auf beiden Seiten goldgelb braten.

Rahmpudding

8 Formen

400 ml Sauerrahm
80 g Mehl
5 Dotter
5 Eiklar
Salz
Butter und Mehl für die Formen

Souffléförmchen mit Butter ausfetten und mit Mehl ausstauben.
Sauerrahm, Mehl, Dotter und Salz verrühren. Die Eiklar mit einer Prise Salz zu Schnee schlagen und unter die Rahmmasse heben.
Im vorgeheizten Backrohr bei 200 °C im Wasserbad ca. 15 Minuten backen.

Rotkraut

4 Portionen

600g Rotkraut,
ohne Strunk und äußere Blätter
250ml Orangensaft
250ml Apfelsaft
250ml Rotwein
Weinessig
1 Zwiebel, klein geschnitten
2EL Öl
2EL Kristallzucker
evtl. Wasser
100g Zucker
Salz, Pfeffer
Zimtstange
Gewürznelken
Lorbeerblätter
Wacholderbeeren
3EL Preiselbeerkompott

Kraut in feine Streifen schneiden oder hobeln und mit Orangensaft, Rotwein, Apfelsaft und etwas Essig marinieren.
Fett in einem Topf erhitzen und den Kristallzucker darin karamellisieren. Zwiebelwürfel beifügen, kurz mitrösten und anschließend das marinierte Kraut beigeben. Das Rotkraut pfeffern, die restliche Gewürze in einem sauberen Tuch zu einem Gewürzsackerl binden und im Topf ca. 20 Minuten mitdünsten. Bei Bedarf etwas Wasser hinzufügen. Danach das Gewürzsackerl entfernen, Maizena mit kaltem Wasser verrühren und das Rotkraut damit leicht binden. Zum Schluss das Rotkraut mit Preiselbeerkompott abschmecken.

Nudelteig

4 Hauptspeisen- oder
8 Beilagenportionen

300 g Mehl, griffig
1 Ei
8 Dotter
1 EL Olivenöl
evtl. 1–2 EL Wasser
evtl. Salz

Nudelteig:
Mehl auf die Arbeitsfläche sieben und in die Mitte eine Mulde drücken. Die Zutaten hineingeben und mit einer Gabel in kreisenden Bewegungen verrühren, bis ein dickflüssiger Teig entsteht. Diesen mit beiden Händen gut durchkneten und falls notwendig etwas Wasser hinzufügen. Den glatten Teig in eine Frischhaltefolie wickeln und mindestens 2 Stunden rasten lassen.

Wenn man im Besitz einer kräftigen Rührmaschine ist, kann der Teig auch in der Maschine hergestellt werden. Dafür das Mehl in den Rührkessel geben, die übrigen Zutaten zügig beifügen und mit dem „Bischof“ glatt rühren.

Nudeln:
Den Nudelteig mit einer Nudelmaschine nicht zu dünn ausrollen, ein paar Minuten antrocknen lassen und mit dem Schneideaufsatz der Maschine in dünne Nudeln schneiden. Anschließend in Salzwasser eine Minute lang kochen.

Tipp:
Der Nudelteig ist optimal, um ihn auf Vorrat herzustellen. Hierfür die rohen Nudeln einfrieren und bei Bedarf in Salzwasser frisch kochen.

Schwarze Gnocchi

4 Hauptspeisen- oder
8 Beilagenportionen

500g Erdäpfel, mehlig
125g Mehl
25g Hartweizengrieß
3g Tintenfischtinte
1 Dotter
Salz

Die Erdäpfel kochen, schälen und durch die Erdäpfelpresse drücken. Anschließend mit den anderen Zutaten zu einem Teig kneten. Gnocchi formen und in kochendem Salzwasser pochieren, bis sie an der Oberfläche schwimmen.

Tipp:
Die Gnocchi eignen sich hervorragend für die Produktion auf Vorrat. Diese auf einem Blech noch roh einfrieren und bei Bedarf die tiefgekühlten Gnocchi im Salzwasser kochen.

Die Tintenfischtinte dient ausschließlich der dunklen Färbung des Gnocchiteiges und trägt nicht zum Geschmack bei. Der Farbstoff, auch Sepia genannt, wurde ursprünglich aus dem Tintenbeutel der Tintenfische gewonnen.

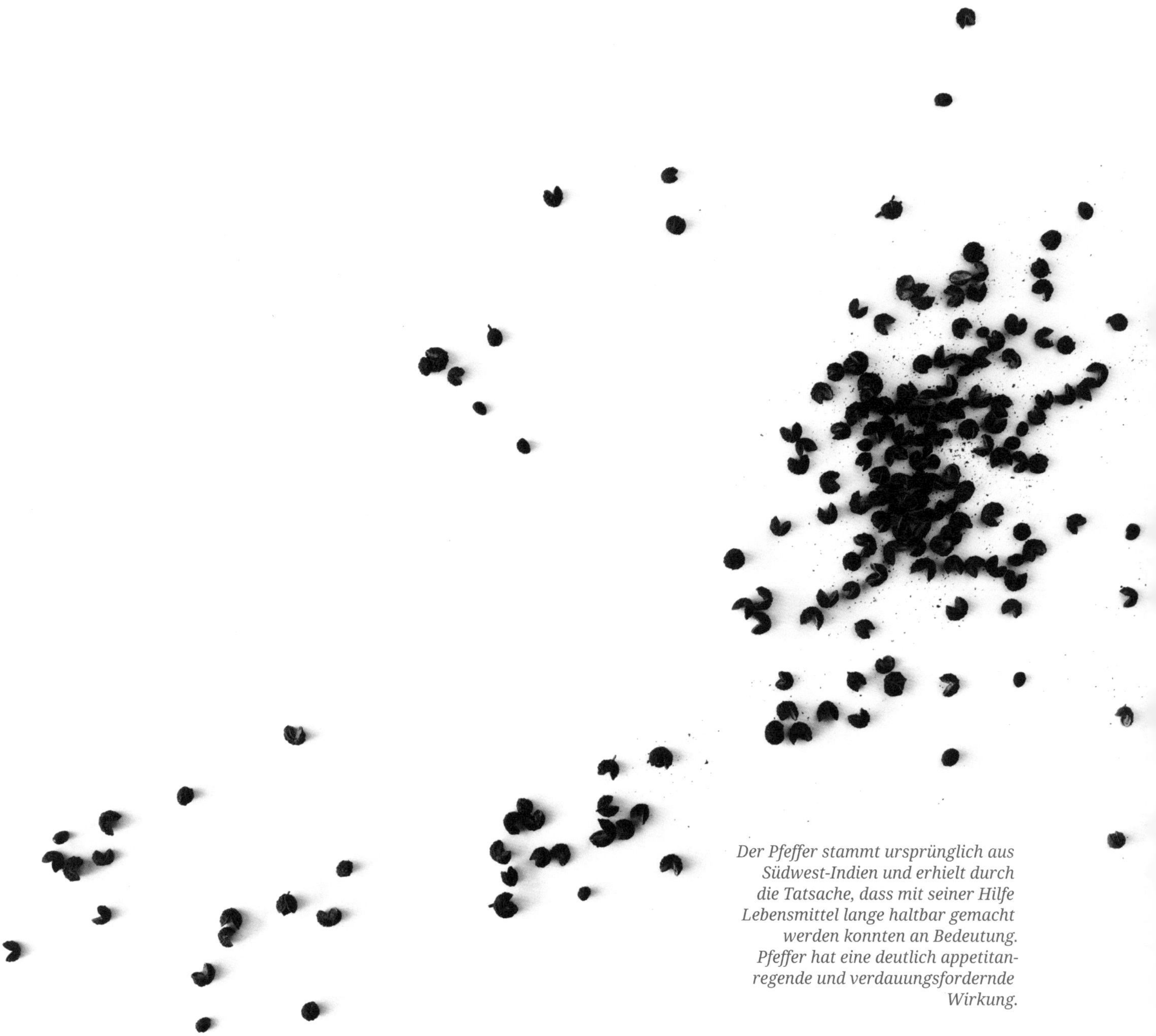

Der Pfeffer stammt ursprünglich aus Südwest-Indien und erhielt durch die Tatsache, dass mit seiner Hilfe Lebensmittel lange haltbar gemacht werden konnten an Bedeutung. Pfeffer hat eine deutlich appetitanregende und verdauungsfordernde Wirkung.

Gemüsefond

ca. 2 Liter

2 Zwiebeln, geschält
200 g Knollensellerie
800 g Kohl
500 g Karotten
1 kg Paradeiser
6 Petersilienstängel
etwas Salz
20 Pfefferkörner
4 Lorbeerblätter
5 Pimentkörner
15 Koriandersamen
Muskatnuss

Die Zwiebel und Paradeiser halbieren, das Wurzelgemüse schälen und mit dem Kohl in 2 cm große Stücke schneiden. Sämtliche Zutaten mit ca. 5 Liter Wasser in einen Topf geben, aufkochen und bei mittlerer Hitze leicht köchelnd auf ca. 2 Liter Flüssigkeit reduzieren. Den Gemüsefond zum Schluss durch ein feines Sieb seihen.

Tipp:
Der Fond schmeckt frisch am besten, jedoch kann man ihn gut auf Vorrat einwecken bzw. einfrieren.

Geflügelfond

ca. 2 Liter

1,5 kg Geflügelklein
oder 1 Suppenhuhn
ca. 2,5 l Wasser
200 g Suppengemüse
(Karotten, Sellerie, Gelbe Rüben)
1 Zwiebel, geschält
Petersilienstängel
Rosmarin
2 Lorbeerblätter
20 Pfefferkörner
5 Pimentkörner
5 Wacholderbeeren
15 Koriandersamen
1 cm dicke Scheibe frischer Ingwer
Muskatnuss, Salz

Geflügelklein oder Suppenhuhn gut abwaschen, mit kaltem Wasser ansetzen, langsam aufkochen und den Schaum dabei immer wieder abschöpfen. Wenn sich kein Schaum mehr bildet, die Gewürze und das grob geschnittene Gemüse beigeben. Bei Bedarf Wasser nachgießen, bis die Knochen bedeckt sind. Nach ca. 2 Stunden Kochzeit den Fond durch ein feines Sieb vorsichtig abseihen.

Kalbsfond

ca. 300 ml

3 kg Kalbsknochen,
in nussgroße Stücke gehackt
60 ml Öl
300 g Karotten
400 g Zwiebeln
100 g Sellerie
100 g Petersilienwurzeln
2 EL Paradeismark
8 Lorbeerblätter
20 Pfefferkörner
5 Pimentkörner
1 Thymianzweige
10 Wacholderbeeren
500 ml Weißwein
Suppe (S. 43) oder Wasser

Tipp:
Die Kalbsknochen am besten beim Fleischhauer vorbestellen.

Mit (Rind-)Suppe aufgegossen schmeckt der Saft von Anfang an kräftiger und muss daher weniger einreduzieren

Auch dieser Jus lässt sich gut auf Vorrat einfrieren.

Die Knochen mit der Hälfte des Öls in einer Bratpfanne im Backrohr bei 200 °C anbraten und dabei ab und zu umrühren.

Wurzelgemüse und Zwiebeln in 1,5 cm große Würfel schneiden. In der Zwischenzeit das übrige Öl in einem großen Topf erhitzen. Das Gemüse beifügen, anrösten, bis es Farbe nimmt, danach die Zwiebelwürfel hinzugeben und alles dunkel anrösten. Das Paradeismark untermischen und ebenfalls mit rösten, bis es braun wird. Das Gemüse mit Weißwein ablöschen, die gerösteten Knochen aus dem Backrohr dazugeben und mit kalter Suppe oder kaltem Wasser aufgießen, bis die Knochen bedeckt sind. Die Gewürze beifügen und alles 2 Stunden offen köcheln lassen, bei Bedarf Wasser nachgießen.
Den Fond durch ein feines Sieb seihen und mindestens auf die Hälfte der Menge einkochen lassen.

Wildjus

ca. 300 ml

3 kg Wildknochen,
in nussgroße Stücke gehackt
60 ml Öl
300 g Karotten
400 g Zwiebeln
100 g Sellerie
100 g Petersilienwurzeln
2 EL Paradeismark
2 Lorbeerblätter
20 Pfefferkörner
5 Pimentkörner
2 Thymianzweige
20 Wacholderbeeren
1 l Rotwein
Fond (S. 135) oder Wasser
Preiselbeerkompott
evtl. Mehl, griffig

Tipp:
Der Jus lässt sich besonders gut in großen Mengen herstellen und eignet sich zum portionsweisen Einfrieren.

Die Rehknochen mit der Hälfte des Öls in einer Bratpfanne im Backrohr bei 200 °C anbraten und dabei ab und zu umrühren.

Wurzelgemüse und Zwiebeln in 1,5 cm große Würfel schneiden. In der Zwischenzeit das übrige Öl in einem großen Topf erhitzen. Das Gemüse beifügen, anrösten, bis es Farbe nimmt, danach die Zwiebelwürfel hinzugeben und alles dunkel anrösten. Das Paradeismark untermischen und ebenfalls mitrösten, bis es braun wird. Das Gemüse mit Rotwein ablöschen, die gerösteten Knochen aus dem Backrohr dazugeben und mit kalter Suppe oder kaltem Wasser aufgießen, bis die Knochen bedeckt sind. Die Gewürze beifügen und alles 2 Stunden offen köcheln lassen, bei Bedarf Wasser nachgießen.

Den Fond durch ein feines Sieb seihen und mindestens auf die Hälfte der Menge einkochen lassen. Die Preiselbeeren beimischen, eventuell mit Mehl binden und noch einmal durch ein Sieb seihen.

Tipp: *Beide Marinaden können ohne Probleme einige Tage aufbewahrt und somit auf Vorrat gemacht werden.*

Der Ingwer enthält Nährstoffe welche verdauungsfördernden, magenstärkenden, appetit- und kreislaufanregenden sind. Zusätzlich ist die Knolle reich an Vitamin C, Magnesium, Eisen, Calcium, Kalium und Phosphor.

Erdäpfelsalatmarinade

ca. 10 Portionen

1 l Wasser
170 ml Tafelessig 10 %
200 g Staubzucker
50 g Salz
20 g Senf
schwarzer Pfeffer
etwas Pflanzenöl
rote Zwiebel, fein geschnitten

Alle Zutaten außer die Zwiebel zusammenrühren.
Gekochte und bereits geschälte Erdäpfel noch warm in schmale Spalten schneiden. Anschließend die Zwiebel dazugeben und mit der Marinade vermischen, bei Bedarf nachwürzen. Falls die Erdäpfel schon erkaltet sind, die Marinade erwärmen und darüber gießen.

Orangen-Ingwer-Dressing

ca. 800 ml

30 g Senf
30 g Honig
10 g Salz
½ Teelöffel Cayennepfeffer
½ Teelöffel Curry
Zeste von 1 Limette
3 cm dicke Scheibe frischer Ingwer, fein gerieben
100 ml Balsamico, weiß
300 ml Orangensaft
300 ml Olivenöl

Für das Dressing alle Zutaten vermischen und mit einem Stabmixer oder im Mixglas mixen.

DESSERTS

Tipp:
Sorbet- oder Eismaschinen mit Kompressor gibt es schon relativ günstig, für Eisfans lohnt sich die Investition auf alle Fälle.

Weinempfehlung:
Pinot Blanc Beerenauslese 2005,
Weingut Leo Maurer, Röschitz

Apfeltörtchen

mit geeister Rahmcreme

6 Portionen

Törtchen:
- 2 Äpfel
- 2 Eier
- 150g Zucker
- Vanillezucker
- 100g flüssige Butter
- 100g Mehl
- 1 TL Backpulver
- 80ml Milch

Rahmcreme:
- 500ml Sauerrahm
- 250ml Obers
- 300g Staubzucker
- 1 TL Vanillezucker
- Saft zweier Zitronen
- 50ml Gin

Für die Törtchen alle Zutaten außer den Äpfeln zu einer Masse verarbeiten. Im Anschluss die Äpfel schälen, entkernen, in die Masse schneiden und darunterrühren.
Die Förmchen mit Butter ausfetten, mit Mehl ausstauben und den Boden mit einem Backpapierblättchen auslegen. Die Masse in die Formen füllen und bei 180°C 20 Minuten im Rohr backen.

Für die geeiste Rahmcreme alle Zutaten zusammenrühren und in einer Sorbetmaschiene frieren.

Creme Bruleè

4 Portionen

125ml Milch
250ml Obers
½ Vanilleschote, der Länge nach aufgeschnitten
7 Dotter
60g Zucker
etwas Orangenschale
1 kleine Stange Zimt
brauner Zucker zum Flämmen
Beeren zum Garnieren

Alle Zutaten außer die Eidotter aufkochen, zur Seite stellen und etwas abkühlen lassen.
Die Eidotter in die Creme einrühren und die Flüssigkeit durch ein nicht zu feines Sieb seihen.
In feuerfeste flache Schüsseln füllen, mit Frischhaltefolie abdecken und auf einem gelochten Einsatz bei 90°C und 100% Feuchtigkeit 20–30 Minuten im Dampfbackofen pochieren.
Die Creme erkalten lassen und mit braunem Zucker bestreuen. Zuletzt den Zucker mit einer Lötlampe karamellisieren.

Weinempfehlung: *Weißburgunder Beerenauslese 2005, Weingut Leo Maurer, Röschitz*

Erdbeer-Crumble
im Glas

ca. 10 Portionen

ca. 800g Erdbeeren, gewaschen und geputzt
Zucker

Creme:
300g Mascarpone
5 Eidotter
170g flüssiges Obers
1 EL Rum
2 EL Zitronensaft
Mark einer Vanilleschote
100g Staubzucker
ISI-Flasche mit 3 Gaspatronen

Mandelblätter:
200g Mandeln, gehobelt
85g Staubzucker
30g Mehl, glatt
110g Eiweiß, leicht verquirlt
40g Butter, geschmolzen
Butter zum Befetten

Crumble-Teig:
185g Zucker
185g Butter
Backpulver
Vanillezucker
Zitroneschale
375g Mehl
2 Eigelb

Erdbeereis:
500g Erdbeeren
120g Zucker
60g Glukose
250ml Obers
etwas Zitronensaft

Für die Creme Mascarpone, Dotter, Obers, Rum, Zitronensaft, Vanillemark und Staubzucker verrühren, durch ein Sieb passieren und in eine ISI-Flasche füllen. Die Flasche gut verschließen, mit 3 Gaspatronen aufschlagen und dabei immer kräftig schütteln.
Die ISI-Flasche „kopfüber" im Kühlschrank lagern.

Für die Mandelblätter Mandeln, Zucker und Mehl vermischen. Eiweiß zugeben, unterrühren und zum Schluss die Butter hinzufügen. Alles gut vermengen und zugedeckt mindestens 2 Stunden oder besser über Nacht im Kühlschrank ruhen lassen.

Das Backrohr auf 180°C vorheizen.
Backpapier auf ein Blech legen und mit ein wenig flüssiger Butter einpinseln. Die Masse 1mm dick auf das Blech streichen und für 8–10 Minuten backen. Die Mandelblätter aus dem Rohr nehmen, auskühlen lassen und in beliebige Stücke brechen.

Für das Eis die Glukose in warmem Zitronensaft auflösen. Die Erdbeeren mit Zucker und aufgelöster Glukose pürieren. Anschließend das Obers unterrühren und in der Eismaschine frieren.

Zur Herstellung des Teiges alle Zutaten in der Rührmaschine verkneten und „händisch" fertigstellen, da der Teig sehr bröselig ist. Den Teig auf einem mit Backpapier belegten Blech verteilen und bei 180°C ca. 12 Minuten goldgelb backen. Den Crumble-Teig auskühlen lassen und in kleine Stücke brechen.

Für das Anrichten im Glas die einzelnen Bestandtteile wie folgt schichten:
Creme / marinierte Erdbeeren / Eis / Crumble / Creme / marinierte Erdbeeren / Mandelblätter/ nach Belieben etwas Minze als Garnitur.

Apfel-Germomelette

4 Portionen

20g Germ
250ml Milch
120g Mehl
4 Eidotter
4 Eiklar
3EL Kristallzucker
Vanillezucker
Zitronenabrieb
etwas Zimt
1TL Rum
Salz
2 kleine Äpfel
etwas Zucker
Butter zum Backen
Schokoladensauce

Weinempfehlung:
Hill 3 2017,
Weingut Hillinger, Jois

Das Backrohr auf 180°C vorheizen.
Den Germ in der Milch auflösen. Anschließend Dotter, Mehl, Vanillezucker, Zitronenabrieb, Zimt, Rum und eine Prise Salz hinzugeben und glatt rühren. Eiklar mit Zucker zu Schnee schlagen und unter die Masse heben.

Die Äpfel in kleine Spalten schneiden und in vier kleinen Pfannen mit etwas Zucker dünsten. Die Omlettemasse darauf verteilen und im Backrohr ca. 10 Minuten fertig backen.

Die Apfel-Germomlettes auf Teller stürzen, zusammenklappen und auf anderen Teller anrichten. Mit Schokoladensauce nappieren und servieren.

Kaiserschmarren

4 Portionen

200 g Mehl, glatt	Zitronenabrieb
140 ml Milch	Rum
140 ml Obers	Rosinen
8 Eidotter	60 g Kristallzucker
8 Eiklar	Butter zum Backen
Vanillezucker	Kristallzucker
Salz	Staubzucker zum Bestreuen

Vorbereitung:
Die Rosinen in Rum einige Stunden vorher marinieren.

Beilagentipp:
Als Beilage eignet sich hervorragend ein fruchtiges Kompott.

Weinempfehlung:
Riesling Beerenauslese 2009, Weingut Franz Hirtzberger, Spitz, Wachau

Mehl, Milch, Obers, Eidotter, Vanillezucker, etwas Salz und Zitronenabrieb zu einem glatten Teig verrühren. Eiklar mit Kristallzucker aufschlagen und unter die Masse heben. Butter in entsprechend großer Pfanne schmelzen, Masse einfließen lassen und mit den Rosinen bestreuen. Den Kaiserschmarren zuerst am Herd anbacken und anschließend im vorgeheizten Backrohr bei 200 °C ca. 10 Minuten braun backen. Die fertige Masse mit zwei Gabeln vorsichtig in Stücke teilen, diese mit Kristallzucker bestreuen und am Herd nochmals nachbräunen. Den Kaiserschmarren anrichten und mit etwas Staubzucker bestreuen.

Kardinalschnitte

von Elfi

1 Länge
ergibt ca. 8 Stück

Weiße Masse:
200 g Staubzucker
6 Eiklar

Biskuitmasse:
3 Dotter
2 Eier
60 g Staubzucker
60 g Mehl, griffig

Fülle:
250 ml Obers
Erbeermarmelade
etwas Staubzucker

Zur Herstellung der weißen Masse den Zucker und die Eiklar zu steifem Schnee schlagen. Anschließend für die Biskuitmasse in einer separaten Schüssel Dotter, Eier und Zucker schlagen und das Mehl unterheben.

Ein Backblech mit Backpapier auslegen und mit Staubzucker bestreuen. Die beiden Teige in Spritzsäcke füllen und abwechselnd in Bahnen auf das Blech spritzen – beginnend und abschließend mit der weißen Masse. Diesen Vorgang daneben für den Deckel der Kardinalschnitte wiederholen, mit Zucker bestreuen und bei ca. 140 °C rund 45 Minuten backen.

Obers mit etwas Staubzucker aufschlagen. Die Schnitten mit zwei Schichten Schlagobers und Erdbeermarmelade in der Mitte füllen.

Weinempfehlung: *Gelber Traminer Ried Hamert 2019, Weingut Irmi Stich, Bad Pirawarth*

Basilikum- und Schokoladenmousse

mit Himbeersorbet

8 Portionen

Basilikum-Mousse:

100 g weiße Schokolade
250 ml Obers
20 g Basilikumblätter, in Streifen geschnitten
1 Ei
2 Eidotter
20 g Zucker
1 Blatt Gelatine
1 EL Crème de Cacao, weiß oder stattdessen 1 EL Rum

Die Gelatine in kaltem Wasser einweichen. Die weiße Schokolade grob schneiden und in einer Stahlschüssel im Wasserbad schmelzen lassen. Danach Obers und geschnittenes Basilikum so lange mit dem Stabmixer pürieren, bis das Obers fast fest ist.
Ei und Eidotter mit Zucker über Wasserdampf zuerst warm und anschließend kalt schlagen.
Gelatine ausdrücken und in lauwarmer Crème de Cacao oder Rum schmelzen lassen.Die Gelatine unter die geschmolzene Schokolade und die Eimasse rühren. Im Anschluss das Basilikumobers unterheben. Die Basilikummousse in eine Schüssel füllen und mindestens zwei Stunden kaltstellen.

Schokoladen-Mousse dunkel:

2 Eier
2 Eidotter
100 g Zucker
250 g Bitterschokolade
500 ml Obers
Cointreau

Die Schokolade über Wasserdampf schmelzen. Eier, Dotter und Zucker schaumig rühren. Anschließend das Obers nicht zu fest aufschlagen. Die zerlassene Schokolade in die Eimasse einrühren. Etwas Contreau dazugeben und geschlagenes Obers unterziehen. Die Mousse ebenfalls kaltstellen.

Teig-Brösel:

90 g Zucker
90 g Butter
Backpulver
185 g Mehl
1 Eidotter
Vanillezucker
Zitronenabrieb
frischer Ingwer, gerieben
Kardamon, gemahlen
Chili
½ Mokkalöffel Kaffee, gerieben
1 TL Kakaopulver

Alle Zutaten in der Rührmaschine verkneten und „händisch" fertigstellen, da Teig ist sehr bröselig ist. Anschließend auf einem mit Backpapier belegten Blech verteilen und bei 180 °C ca. 12 Minuten backen. Den Teig auskühlen lassen und mit den Händen grob zerbröseln.

Himbeersorbet

1 Liter

500 g Himbeeren, gefroren
250 g Staubzucker
1 TL Vanillezucker
30 ml Grand Marnier

Tipp: *Dieses Sorbet gelingt auch ohne Eismaschine.*

Alle Zutaten in einem Cutter mixen, abschmecken, rasch mit einer Teigkarte durch ein Sieb streichen und sofort einfrieren.

Zum Anrichten die dunkle Schokoladen-Mousse mit einem Spritzsack und einer Lochtülle auf einen kalten Teller spritzen, in die Mitte ein Nockerl Basilikum-Mousse setzten. Zum Schluss eine Kugel Himbeersorbet auf den Teigbröseln platzieren und mit frischen Himbeeren und Basilikum garnieren.

Gebratene Topfenrolle

mit Apfel-Holler-Röster

12 Portionen

Topfenrolle:
125g Butter
80g Staubzucker
10 Eidotter
1kg Topfen
375g Toastbrot,
entrindet und klein gewürfelt
Abrieb zweier Zitronen
Prise Salz
Vanillezucker
Rumrosinen
5 Eiklar
70g Kristallzucker
Fett zum Braten

Apfel-Holler-Röster:
400g Holunderbeeren
400g Apfel, klein gewürfelt
250ml Rotwein
500ml Apfelsaft
ca. 300g Zucker
Vanillezucker
Zimtrinde
2TL Maizena

Tipp:
Die Topfenrolle hält sich im Kühlschrank einige Tage, bei Bedarf in Scheiben schneiden und anbraten.

Weinempfehlung:
Sämling 88 TBA Ried Domkapitel 2017, Weingut Tschida, Illmitz

Die Butter mit dem Staubzucker schaumig rühren und die Eidotter nach und nach beigeben. Anschließend Topfen, Toastbrotwürfel, Zitronenabrieb, Salz, Vanillezucker und Rumrosinen unterrühren. Eiklar mit Kristallzucker zu Schnee schlagen. Den Schnee unter die Topfenmasse heben und ca. 10 Minuten rasten lassen. Die Masse in Frischhaltefolie zu Rollen formen und auf einem gelochten Einsatz bei 95 °C und 100 % Feuchtigkeit ca. 40 Minuten im Dampfgarer garen oder in Wasser kochen. Die Rollen auskühlen lassen, in Scheiben schneiden und auf jeder Seite goldgelb anbraten.

Für den Holler-Apfel-Röster den Zucker in einem Topf karamellisieren und mit Rotwein und Apfelsaft ablöschen. Holunderbeeren, Apfelwürfel, Zimtrinde und Vanillezucker hinzufügen und einige Minuten köcheln lassen. Das Maizena mit kaltem Wasser verrühren und den Röster damit abbinden. Bei Bedarf noch zuckern.

Marillen-Topfenknödel

8–10 Knödel

100 g trockenes Weißbrot,
entrindet und fein gemahlen
350 g Topfen
1 Eiklar
1 Ei
50 g Kristallzucker
20 g Butter
Zitronenabrieb
8–10 kleine Marillen
8–10 Stück Würfelzucker
300 g Semmelbrösel
300 g Butter
4 EL Zucker
Staubzucker zum Bestreuen
Zimtstange zum Entkernen

Tipp:
Um die Marillen einfach entkernen zu können, eine Zimtstange vorsichtig durch die Marille stecken und so den Kern herausdrücken.

Weinempfehlung:
Riesling de vite, Ried Lange Lissen 2016, Weingut Roland Minkowitsch, Mannersdorf

Weißbrotbrösel, Topfen, Ei, Eiweiß, Zucker, Zitronenabrieb und geschmolzene Butter gut verrühren und mindestens zwei Stunden kaltstellen.
Marillen entkernen und in das verbliebene Loch ein Stück Würfelzucker stecken. Je eine Marille in Teig einwickeln. Hierbei darauf achten, dass der Teig nicht zu dick wird. Die Knödel in leicht gesalzenem Wasser ca. 15 Minuten kochen.

Butter in einer Pfanne erhitzen, Semmelbrösel beigeben und goldbraun rösten, zum Schluss den Kristallzucker untermengen.

Die Knödel vorsichtig in den gerösteten Brösel wälzen, mit Staubzucker bestreuen und servieren.

Gebackene Topfentorte

oder Topfenstreuselkuchen

Tortenring mit einem Durchmesser von 26cm

Teig:
185g Zucker
185g Butter
Backpulver
Vanillezucker
Zitronenabrieb
375g Mehl
2 Eidotter

Fülle:
190g Butter
150g Staubzucker
7 Eidotter
1,5kg Topfen
Vanillezucker
Zitronenabrieb
5EL Mehl
7 Eiklar
150g Kristallzucker

Weinempfehlung:
Spätlese Quartett 2018,
Weingut Feiler-Artinger, Rust

Für den Teig alle Zutaten in der Rührmaschine verkneten und „händisch" fertigstellen, da der Teig sehr bröselig ist. Mit der Hälfte des Teiges den Boden und die Wände des Tortenringes auslegen.

Für die Fülle Eiklar und Kristallzucker zu Schnee schlagen. Butter, Staubzucker, Eidotter, Vanillezucker und Zitronenabrieb zu einem Abtrieb verarbeiten. Den Topfen vorsichtig in die Masse rühren und den Eischnee mit Mehl unterheben. Die Masse in den ausgelegten Tortenring füllen, den übrigen Teig daraufbröseln und im Rohr bei 170°C 60–70 min backen.

Für den Topfenstreuselkuchen die zweifache Menge Teig und einfache Menge Fülle zubereiten, auf einem Backblech verteilen und nur 50 Minuten backen.

Walnuss-Keks
mit marinierten Erdbeeren

ca. 6 Portionen

Keks:
8 Eiklar
420g Staubzucker
400g Walnüsse,
geröstet und gerieben
kleine Prise Salz

Eiklar mit Salz zu steifem Schnee schlagen, vorsichtig mit dem gesiebten Staubzucker und den Nüssen vermengen. Das Backblech mit Backpapier belegen, die Masse darauf streichen und bei 160 °C Heißluft ca. 25 Minuten backen. Anschließend auskühlen lassen.

Glasur:
200ml Obers
200g Schoko(-linsen)

In der Zwischenzeit für die Herstellung der Glasur das Obers aufkochen, vom Herd nehmen und die gleiche Menge Schokolinsen mit dem Schneebesen einrühren. Glasur überkühlen lassen. Danach ein Drittel der gebackenen Nussmasse mit ca. zwei Drittel der Schokoglasur glasieren.

Schokoladencreme:
150ml Obers
Vanillezucker
Sahnesteif

Für die Schokoladencreme das Obers mit Vanillezucker und Sahnesteif aufschlagen und die übrige Glasur untermischen.

Vanillecreme:
150ml Obers
Vanillepudding,
von 250ml Milch,
kalt und passiert
Vanillezucker
Sahnesteif

Anschließend für die Vanillecreme ebenfalls Obers mit Vanillezucker und Sahnesteif aufschlagen und den passierten Vanillepudding beigeben.

Krokant:
100g Walnüsse, ganz
100g Kristallzucker

Um den Krokant herzustellen, zunächst den Kristallzucker in einer Pfanne karamellisieren. Im Anschluss die ganzen Walnüsse hinzufügen, kurz durchrühren und auf ein Backpapier leeren. Den Krokant erkalten lassen und grob hacken.

marinierte Erdbeeren:
Erdbeeren
Zucker
Minze

Die Erdbeeren waschen, putzen und in Stücke schneiden. Ein Drittel der Erdbeeren mit Zucker passieren. Minzeblätter schneiden, mit Erdbeerstücken und Erdbeersauce vermischen. Bei Bedarf noch mit Zucker abschmecken.

Beilagentipp: *Zu diesem Dessert empfehlen wir die geeiste Rahmcreme auf Seite 143*

Zum Anrichten die Nussmasse in ca. 5cm große Scheiben ausstechen. Pro Portion benötigt man zwei Scheiben ohne und eine Scheibe mit Glasur. Die Cremen in Spritzsäcke füllen und pro Teller die einzelnen Zutaten wie folgt schichten:
1. Scheibe / Schokocreme / 2. Scheibe / Vanillecreme /
3. Scheibe mit Glasur.
Das Törtchen mit Krokant bestreuen und mit marinierten Erdbeeren servieren.

Zitronengrasgelee
im Glas

ca. 10 Gläser zu je 1/8 Liter

800 ml Wasser
200 ml Weißwein
350 g Zucker
Saft einer Zitrone
5 Stangen Zitronengras
6 Blatt Gelatine
Beeren zum Garnieren

Die Gelatine in kaltem Wasser einweichen und das Zitronengras klopfen. Das Wasser mit Weißwein, Zucker, Zitronensaft und Zitronengras aufkochen und anschließend weitere 15 Minuten ziehen lassen. Die Gelatine ausdrücken und in der heißen Flüssigkeit auflösen.
Das Zitronengras entfernen und das Gelee in Gläser abfüllen und für mindestens 3 Stunden, besser über Nacht, in den Kühlschrank stellen. Zum Vollenden die Gläser mit Beeren auffüllen und servieren.

Tipp:
Dieses erfrischende Dessert ist perfekt für heiße Sommertage.

Alle Rezepte im Überblick

Gasthaus Goldenes Bründl, Knobl OG
Waldstraße 125
2105 Oberrohrbach
Tel. 02266/80495
www.goldenesbruendl.at

Rezepte: Küchenchef Norbert Steiner aus dem Goldenen Bründl
Fotografie und Layout: Karoline Baumgartner
Druck: Druckerei Fuchs GmbH, 2100 Korneuburg
Fotoassistenz und Lektorat: Antonia Peter
Herausgeber: Gasthaus Goldenes Bründl

Bründl Gin
0,5l
40%

ReGINe

unser Gin des Hauses

Basierend auf einem klassischen London Dry Gin mit kräftiger Wacholdernote, wurde der ReGINe mit zarten Aromen von Fichtennadeln und Zitrusfrüchten verfeinert und kann dadurch mit einer ganz persönlichen Note brilieren.

Am besten zu genießen mit Wacholderbeeren, einem kleinen Rosmarinzweig und einem klassischen dry Tonic oder weißem Fichtencola und Zitronenzeste für die etwas ausgefallenere Variante.

An dieser Stelle möchte ich sagen; schön, dass Du bis zur letzten Seite dieses Buches geblättert hast. Du musst wissen, dieses Kochbuch ist im Rahmen meines Bachelorprojektes entstanden und gewachsen. Dies wäre mir ohne Unterstützung nicht möglich gewesen – daher will ich mich hier bei einigen Leuten bedanken. Mein erstes Dankeschön gilt meiner Tante und meinem Onkel, Regine und Gerhard Knobl, den Besitzern des Goldenen Bründls – ohne sie wäre das ganze Projekt und die anschließende Veröffentlichung nicht möglich gewesen. Danke, dass ihr mir die Möglichkeit geboten habt, aus meiner Abschlussarbeit ein Realprojekt zu machen.

Anschließend möchte ich mich bei Chefkoch Norbert Steiner bedanken, für seine Geduld und seine Aufopferung an freien Tagen – und natürlich für die Verkostung der Vielzahl an exzellenten Speisen nach dem Fotoshooting.

An Dritter Stelle möchte ich mich bei meinen Korrekturleserinnen Antonia, Michaela und meiner lieben Mama bedanken – Danke, für all die Stunden, die auch ihr in dieses Kochbuch investiert habt.

Auch meinem Freund Michi möchte ich danken, dass er mich motiviert und an mich geglaubt hat, wenn ich es selbst nicht mehr konnte.

Die tolle Betreuung während des Projektes darf natürlich auch nicht unerwähnt bleiben, deswegen will ich mich hier bei meinen Betreuungslehrern Aidan und Marcus bedanken, die mich alle drei Jahre durch mein Studium begleitet und auch bei meinem Bachelorprojekt vollste Unterstützung geleistet haben.

Zu guter Letzt an meine Eltern; danke, dass ihr mir vor drei Jahren die Möglichkeit geboten habt an meiner Wunschuniversität zu studieren und dass ihr mich – nicht nur finanziell – unterstützt habt, sondern auch an jedem Tag an dem ich an mir gezweifelt habe. Ohne Euch wäre mir meine Ausbildung niemals möglich gewesen.

Hiermit will ich auch Dir, liebe Leserin, lieber Leser danke sagen – schön, dass du dich für dieses Kochbuch entschieden hast. Es stecken viele Stunden an Freude und Arbeit, aber auch viel Herzblut meinerseits in diesen Seiten. Somit hoffe ich, dass auch du viele freudige Stunden beim Nachkochen dieser Rezeptesammlung verbringen wirst.

Danke und liebe Grüße
Karo